KB091150

1분에 3만자를 읽는, 100배 빠른

스타킹 속독법

2nd edition

BM (주)도서출판 성안당

책머리에 붙여

남들보다 시력이 나빴던 나는 초등학교 6학년 시절, 친구들과 함께 만화방에서 만화책을 빌려 보던 중 친구들의 책 읽는 속도가 나보다 10~20배 이상 빠르다는 걸 알게 되었습니다. 며칠 후 시험일이 되자 친구들은 "나는 시험 범위 5번 읽었어!", "나는 3번 읽었어." 하며 시험공부를 많이 했다고 자랑을 했습니다. 나는 겨우 한 번 읽었는데 정말 부러웠습니다. 시험 결과 다행히 나는 100점을 맞았습니다. 그런데 시험 범위를 5번 읽었다는 친구나 3번 읽었다는 친구들은 모두 한두 개씩 틀린 것입니다. 그때 나는 '내가 책을 늦게 보더라도 시험에서 안 틀리면 친구들을 앞설 수 있겠다.'라는 생각을 했습니다. 이때부터 기억법을 연구하기 시작했습니다. 대학교 재학 중에 인지심리학 석사 논문을 언뜻 본 적이 있는데, 독서 방법에 대한 설명이 나와 있었습니다. 책을 그냥 읽지 말고 2~3단어씩 끊어 보기를 하면 사고 능력이 5배 이상 성장한다는 내용이었습니다. 나는 이 글에 희망을 갖고 2~3개월 동안 연습을 했고, 어느새 다른 사람들보다 조금 빨리 보는 능력을 갖게 되었습니다. 사고력이 좋아졌는지는 모르겠지만 나는 책을 빨리 보게 된 것이 마냥 즐거웠습니다. 더욱이 읽지 않고 보는 것만으로도 내용을 알 수 있다는 사실이 혼자만의 자랑거리가 되었습니다.

대학 졸업 후에는 우연치 않게 학원계의 강사가 되어 아이들에게 수학을 가르쳤습니다. 내가 지도한 아이들의 수학 능력이 월등하게 변하는 것을 본 학부형들로부터 다른 과목도 지도해 달라는 요청을 받았지만 선뜻 대답해 줄 수가 없었습니다. 당시에는 과외 금지령이 내려져 있어 함부로 일반 과목을 가르칠 수가 없었고, 또 별도의 시간을 내기가 힘들었기 때문입니다.

그래서 고민하다가 기억법을 가르치기로 했습니다. 그동안 나를 특별한 천재로 인식하게 했던 것이 기억법이었고 나만의 기억법을 꼭 세상에 알려 주고 싶은 마음도 있었습니다. 교재도 없던 시절이라 학생들의 교과서를 교재로 삼아 지도했습니다. 전교 1등을 하는 아이가 둘이나 나오고, 다들 성적이 급상승하는 것을 보았으나 개인적인 일이 있어서 학원을 그만두게 되었습니다.

다시 세월이 지나 서울 목동 주변에서 학원을 시작하게 되었고, 많은 학생들이 수학과 기억법을 배우기 위해 학원을 찾았습니다. 그러던 2000년, 목동에서 기억법을 배우던 학생들이 속독법을 가르쳐 달라는 요청을 해 왔습니다. 나로서는 황당한 요청이었습니다. 왜냐하면 속독법은 전혀 모르고 있었기 때문입니다.

속독법을 가르쳐 달라는 학생들의 요청 이유는 속독법을 꼭 배우고 싶고, 기억법을 가르쳐 주는 학원은 속독법도 같이 가르쳐 준다는 것이었습니다. 1980년대부터 불어온 속독법 열풍이 아직 사그라지지 않은 시기였습니다. 며칠 동안 학생들에게 시달리며 '이 일을 어쩌나' 고민하고 있는데 이번에는 학부형들이 속독법을 가르쳐 달라고 아우성이었습니다. 할 수 없이 "나는 속독법을 전혀 알지 못합니다. 다만 책을 빨리 볼 수 있는 방법이 있는데 이 방법을 알려 줘도 되겠습니까?"라고 물으니, 선생님이 가르쳐 주시는 것은 무엇이든 믿는다고 하기에 내가 대학 시절부터 사용했던 책 보는 방법을 가르치기로 했습니다.

그러고 나서 일단 시중에 나와 있는 속독법 교재 중에 맘에 드는 것을 사 오라고 학생들에게 말했습니다. 학생마다 여러 가지 책을 구입해 왔는데, 대부분 눈 체조 운동이 필수적으로 수록되어 있고, 속독에 대한 장황한 설명이나 간접적인 두뇌 계발에 대한 내용으로 가득 차 있었습니다. 속독 연습을 하기에는 사실상 불가능해 보였습니다. 그래서 책의 내용은 무시하고 눈 체조 운동에 주력했습니다. 왜냐하면 내가 가르치고자 하는 속독은 동시에 많은 글자를 보고 판독하는 방법으로, 명시 거리 내에서 글자를 일일이 구별해 내야 하므로 시각 능력을 높여야 했기 때문입니다.

이 방법이 적중했는지 3개월 정도 훈련하자 학생들은 1분에 30,000자 이상을 보는 속독법을 익히게 되었습니다. 학생들 표현을 빌리자면 '초스피드 속독법'이 완성된 것입니다. 일반 속독법보다 엄청 빠르다고 자신들이 직접 명명한 것입니다.

이를 토대로 직접 교재를 만들어 '창의 심상 학습 속독법'이라 이름을 지었고, 또다시 'MPR 심상 학습 속독법'으로 개명하여 현재에 이르고 있습니다. 이번 출간을 통하여 '스타킹 속독법'이라 다시 이름을 바꾸고 누구든지 책을 보고 속독을 익힐 수 있도록 자세히 기록했습니다. 여느 속독법 이론 책과는 조금 다른 구성 때문에 단조로운 느낌이 들 수도 있겠지만 진짜 속독을 익힐 수 있도록 한 것이니 5~6개월 정도 노력하면 최소한 1분에 10,000자를 읽을 수 있게 될 것입니다.

수학왕, 우등생 제조기, 수석 제조기 등등 많은 별명을 얻으면서 목동에서 25년 이상을 지내왔지만 나를 아는 사람은 많지 않은 것을 느낍니다. 나에게 배운 학생들이 나를 드러내려 하지 않기 때문입니다. 자신만 잘하면 된다는 생각에서죠. 물론 나 자신도 그다지 홍보를 하지 않은 이유도 있습니다.

내 속독법을 희망하는 지방의 몇 개 단체에서 교육을 요청해 와 교사를 대상으로 훈련을 시켜 줬지만 마음에 차지 않아 직접 가서 지도를 하게 되었습니다. 목동과는 달리 학구열은 부족하지만 순박한 아이들의 모습에 힘들었지만 나름 보람도 생겼습니다. 그러던 어느 수요일 밤, 낯선 전화 번호가 계속 휴대폰 액정에 떴습니다. 나중에 알아보니 SBS 방송국의 전화번호였습니다. 퇴근하는 버스 안이라 전화를 받지 못하고 집에 가서 전화를 하였더니 무척 반기는 목소리가 나옵니다.

"SBS '스타킹'이에요. 선생님을 모시고 속독에 대하여 방송하고자 하는데 괜찮으시겠어요?" 마다할 이유가 없었습니다. "함께 출연할 학생들이 있었으면 합니다." 월요일에 녹화를 해야 하므로 당장 내일 인터뷰를 해야 한답니다. 그래서 부랴부랴 김제와 화성에 전화를 해서 목요일 저녁 8시에 만나 인터뷰를 했습니다. 화성에서는 초등학생 6학년과 중학생들이 왔고 김제에서는 초등학생 5~6학년들이 왔습니다. 김제에서 올라

온 아이들을 출연시키기로 확정했습니다. 목동에 있는 학생들을 부르지 않은 이유는 자신들을 노출하기 싫어하는 학생과 부모들이 많기 때문에 일일이 설득하기가 쉽지 않을 것 같아서였습니다. 또한 나중에라도 출연 요청이 있을 때 새로운 인물이 필요할 것 같아 남겨 놓았습니다.

일요일에 김제에서 아이들을 불러 오후 7시부터 정리를 하고자 했으나 도로가 막혀 오후 10시에 아이들과 만났습니다. 피곤해하는 아이들에게 간단한 주의 사항을 일러 준 뒤 숙소로 데려다 주고 집에 오니 새벽 2시가 되었습니다. 잠시 눈을 붙이는 둥 마는 둥 하고 오전 7시에 다시 숙소로 가서 아이들을 데리고 녹화장에 갔습니다. 녹화는 순조로웠고, 방송 후에는 속독법에 대한 문의가 빗발쳤습니다. 모든 과정을 마치고 나서 생각해 보니 많은 사람들이 속독을 배우기를 희망하고 있다는 사실을 새삼 알게 되었습니다. 그래서 이 책을 쓴 것입니다.

다른 속독 관련 책과 비교해 구성이 낯선 부분이 있겠지만, 평상시 내가 학생들을 가르치고 훈련하는 방식을 가능한 한 그대로 옮긴 것이니 지시하는 대로 따라 하면 틀림없이 혼자서도 속독을 완성할 수 있을 것입니다.

정진화

Contents

Step 05. 글자 보기 훈련 … 110

Step 06. 이해 평가 훈련 1단계 : 줄거리 쓰기 … 194

Step 07. 이해 평가 훈련 2단계 : 문제 풀기 … 208

Everything
will be fine
- from teacher

Step

01

스타킹 속독법이란

스타킹 속독법의 성과

원래 필자가 고안한 속독법의 정식 명칭은 'MPR 심상 학습 속독법'입니다. 하지만 이번 책을 출간하면서 이름을 새롭게 지었습니다. 이제부터는 그 명칭을 '스타킹 속독법(MPR 심상 학습 속독법)'으로 통일하겠습니다. 먼저 스타킹 속독법을 통해 이룰 수 있는 성과부터 살펴보겠습니다.

1. 책 읽는 속도가 보통 사람의 100배 이상 향상됩니다.

스타킹 속독법(MPR 심상 학습 속독법)은 한 자 한 자 읽는 속독법이 아닙니다. 일반 사람이 한 자를 볼 때, 반 페이지 혹은 한 페이지를 보고 인지하는 초학습법입니다. 따라서 한 자 읽는 시간에 몇십 자 혹은 몇백 자를 보고 바로 이해합니다. 그러므로 보통 사람보다 100배 이상 책 읽는 속도가 빨라질 수밖에 없습니다.

2. 정신 집중 훈련을 통해 학습 능력이 발달합니다.

사람의 인지 능력이 떨어지는 요인 중에 가장 큰 것은 머릿속에서 맴돌고 있는 상념 때문입니다. 그래서 학습하기 전에 정신 집중 호흡법과 릴랙스 훈련을 하는 정신 집중법으로 상념을 없애고 마음을 가라앉혀서 평안하게 해야 합니다. 정신 집중 호흡법은 책에 기록하였으나, 릴랙스 훈련인 정신 집중법은 홈페이지(www.mpr.or.kr)에 접속해 학습자료실에서 다운로드해 사용하기 바랍니다.

3. 사고력이 발달합니다.

당연한 말이겠지만 두꺼운 책을 1~2분 안에 읽고 내용을 이해하려면 깊은 사고력이 반드시 필요합니다. 스타킹 속독법을 배우다 보면 자연스럽게 사고력이 향상되는 것을 느껴 자신도 놀라게 될 것입니다.

4. 이해력과 판단력이 증진됩니다.

앞에서도 말했지만 책을 속독으로 보면 자연스럽게 향상되는 것이 바로 사고력입니다. 덧붙여서 책을 이해하고 판단하는 능력까지 더욱 발달되고 증진될 수밖에 없습니다.

5. 많은 독서량으로 뛰어난 인물로 인식됩니다.

많은 독서를 하면서 독서량이 증가됨은 새삼 말할 필요도 없지만, 책을 많이 보게 되면 새로운 지식이 뇌 속에 쌓이고 그것을 토대로 창의적인 내용들이 창출됩니다. 덕분에 '아이디어맨', '특이하고 뛰어난 사람', '놀라운 사람' 등등의 별명이 따라오는 행복도 누릴 수 있겠지요.

6. 속독으로 인한 시간 절약을 통하여 성적이 향상됩니다.

시험공부를 하는 중·고등학교 학생들이 짧은 시간에 학습 내용을 많이 받아들일 수 있게 됨으로써 한 과목당 시험공부 시간이 30분 이내로 줄어듭니다. 그럼에도 불구하고 성적은 최상위권에 들게 되지요. 또한 그것을 유지하는 데도 속독은 중요한 역할을 담당합니다.

7. 인지 능력이 초인적으로 좋아지므로 I.Q가 상승합니다.

인지심리학의 범위는 매우 방대합니다. 이것을 전문적으로 익히려면 관련 학문을 배우면 좋겠지만, 스타킹 속독법(MPR 심상 학습 속독법)으로도 인지 능력을 대단한 수준으로 발달시킬 수 있습니다. 5시간 이상 읽어야 할 책을 1~2분 만에 읽어 이해하고 인지하니 당연히 지능이 좋아지겠지요.

8. 안구 운동으로 시력이 좋아지며 근시, 원시 등의 교정에 도움이 됩니다.

속독법을 익히려면 먼저 명시 거리에서 책의 글자를 잘 분별할 수 있는 시각 능력을 발달시켜야 합니다. 순간적으로 힐끗 책을 보더라도 글자를 볼 수 있게 되면 속독을 잘 할 수 있게 됩니다. 우리 눈은 두 개의 횡근과 네 개의 종근으로 구성된 시근육에 의해서 조절되고 있습니다. 렌즈 구실을 하는 수정체가 얇아지면 먼 곳을 볼 수 있고, 두꺼워지면 가까운 곳을 볼 수 있는데 이것을 조절하는 것이 시근육입니다. 책을 많이 보거나 컴퓨터나 텔레비전을 많이 보면 시근육이 굳어져 멀리 보기가 힘들어지는데 이것을 근시라고 합니다. 나이가 들면 시근이 노쇠해져 힘을 잃게 되어 탄력이 줄어듭니다. 이렇게 되면 당기는 힘이 줄어들어 가까운 곳을 보기 힘들어지는데 이것이 원시입니다. 속독법을 배울 때는 시력과 시근육을 발달시키기 위해서 눈 체조를 많이 하는데 이 과정에서 굳어졌던 시근육이 풀리고, 탄력을 잃었던 시근육이 힘을 얻게 되어 근시와 원시가 완화됩니다. 따라서 시력이 좋아집니다.

9. 독후감을 많이 쓰게 되어 글짓기, 글쓰기, 논술 능력이 향상됩니다.

스타킹 속독법은 속독의 중간 단계에서 줄거리 쓰기가 필수입니다. 이렇게 자주 줄거리를 쓰다 보면 글쓰기 실력이 좋아집니다. 그러다가 독후감 쓰기를 하게 되면 논술 능력도 따라서 향상됩니다. 이와 같은 현상이 반복되면 자연스러운 능력으로 변하는 것입니다.

10. 순간 초집중력이 계발되어 놀라운 사람이 됩니다.

속독하기 위해서 하는 정신 집중법의 영향과 속독의 원리에 의한 두뇌 계발로 보통 사람들이 놀라는 능력을 자연스럽게 발휘하므로 놀라운 사람으로 인정받게 됩니다.

★ 이 밖에도 지면으로 표현하기 어려운 사고 능력들이 계발됨으로써 스타킹 속독법의 효용 가치는 이루 말할 수 없이 높음을 직접 익히면 알 수 있습니다.

정신 집중 호흡법

1. 정신 집중 호흡법의 목적

학습을 하기 전 정신 집중 호흡을 하는 것은 매우 중요한 일입니다. 그 이유는 첫째, 산만해진 정신 상태에서 여러 가지 잡념을 제거하여 주기 때문입니다. 공부를 하기 전에 있었던 많은 경험과 생각은 공부를 방해하고도 남을 힘을 가지고 있습니다. 이 생각의 잔상을 단절시키고 몸을 평안하게 만들어야 합니다. 모든 잡념에서 벗어나야 학습의 효과를 극대화할 수 있고, 심신이 안정된 상태에서만 알파파가 발산되기 때문입니다. 둘째, 뇌세포 및 신경 세포가 에너지원으로 필요로 하는 산소의 양을 증가시켜 주며, 혈액 순환을 올바르게 하여 대뇌의 활동을 돕고, 내장의 기능을 강화시켜 자세를 바르게 할 수 있기 때문이기도 합니다.

정신 집중 호흡법은 복식 호흡이나 단전 호흡의 복잡한 과정을 줄여 어린이도 쉽게 익힐 수 있도록 하였으므로 누구나 쉽게 활용할 수 있습니다. 잘 수련해 주시기 바랍니다.

2. 정신 집중 호흡법의 수련 방법

1 수련 자세

❶ 허리와 가슴을 펴고 바르게 앉는다.

❷ 눈을 감는다.

❸ 온몸의 힘을 뺀다.

❹ 왼손을 오른손 손바닥 위에 놓고, 달걀을 쥐는 모양으로 엄지손가락을 맞댄다.

❺ 손을 배꼽 바로 아래(단전)에 갖다 놓는다.

❻ 들이쉰 숨은 배로 보낸다.

❼ 등과 배가 붙었다고 느낄 정도로 숨을 천천히 끝까지 내쉰다.

2 호흡 방법

1단계 : 3초간 숨을 코로 들이쉬고, 3초간 코로 내쉰다. 들이쉴 때에 속으로 '하아', 내쉴 때에 '나아' 하는 식으로 숨을 쉬는 것이 좋다(7회).

2단계 : 6초간 숨을 코로 들이쉬고, 6초간 멈추고, 6초간 입으로 내쉰다. 하나, 둘, 셋, 넷… 수를 헤아리며 호흡을 한다(5회).

3단계 : 온힘을 다하여 숨을 들이쉬고 단전에 약간의 힘을 주어 숨을 멈춘 후 참을 수 있을 때까지 참다가, 참기가 힘들 때에 입술을 오므려 천천히 숨을 내쉰다(2회).

4단계 : 1단계와 동일하다(5회 이상). 1단계와 같이 들이쉴 때에 속으로 '하아', 내쉴 때 '나아' 하는 식으로 숨을 쉰다.

	마신다	멈춘다	내쉰다	
1단계	3초	–	3초	(7회)
2단계	6초	6초	6초	(5회)
3단계	충분히	끝까지	천천히	(2회)
4단계	3초	–	3초	(5회 이상)

스타킹 속독법의 연습 스케줄

스타킹 속독법(MPR 심상 학습 속독법)을 수련하여 효과를 보려면 5~6개월 정도 꾸준히 연습해야 합니다. 전체적인 연습 스케줄을 잡아 보았으니 참고하기 바랍니다.

과정	기간	목표
1단계 시폭 확대 훈련, 시근육 운동, 지압	**2주** 하루 1회 이상	매일 연습한다. 4단계 훈련을 미칠 때까지 하루 1회 이상 연습하는 것이 좋다.
2단계 시폭 확대 훈련, 시근육 운동, 지압, 우뇌 형상 인지 훈련	**1개월** 하루 1회 이상	우뇌 형상 인지 훈련은 시간을 재면서 처음에는 3칸씩 끊어 보고 그다음부터는 보이는 것보다 1칸씩 늘려 본다. 시간을 꼭 기록하도록 한다.
3단계 시폭 확대 훈련, 시근육 운동, 지압, 우뇌 형상 인지 훈련, 좌뇌 문자 인식 훈련	**1개월** 하루 1회 이상	좌뇌 인식 훈련은 글자가 작으므로 보이는 만큼 끊어 보되 겹치는 것은 무시하고 최대한 넓게 보도록 노력한다.
4단계 우뇌 형상 인지 훈련, 좌뇌 문자 인식 훈련	**2주** 하루 3회 이상	우뇌 형상 인지 훈련은 3칸, 4칸, 5칸… 10칸, 3줄, 5줄… 이렇게 넓혀 가면서 본다. 많이 볼수록 잘하는 것이다. 좌뇌 문자 인식 훈련은 최소 1줄이 보일 때까지 연습한다.

과정	기간	목표
5단계 글자 보기 훈련	**2주** 하루 30분~1시간	글자 보기 훈련은 일반 책을 선택하여 연습하되 큰 글자의 동화책은 안 되고 작은 글자의 책을 선택하여 연습한다. 내용을 이해하려 하지 말고 눈에 들어오는 시각 범위에서 글자만 정확히 보려고 노력한다. 1분에 30,000자를 볼 수 있을 때까지 훈련을 계속한다.
6단계 줄거리 쓰기 훈련	**2주** 하루 3권 이상	줄거리 쓰기는 책을 보고 이해한 내용이 있으면 독후감이 아닌 줄거리 쓰기를 하는 것이다. 처음에는 기억이 나지 않을 수 있으므로 기억나는 단어나 문장 등을 나열하여 쓴다. 차차 연습하다 보면 내용이 생각나게 되는데 그때부터 줄거리 쓰기를 하면 된다. 1분에 30,000자를 볼 수 있을 때까지 훈련을 계속한다.
7단계 이해력 문제 풀기 훈련	**1개월** 하루 3권 이상	지인에게 읽을 책의 문제를 주관식으로 10문제에서 20문제를 만들어 달라고 해서 연습한다. 점수가 평균 80점 이상 나오면 속독을 완성한 것이다.

위의 스케줄대로 연습을 하려면 5~6개월 정도의 기간이 필요할 것입니다. 연습을 하다가 궁금하거나 이해가 안 되는 부분이 있으면 홈페이지(www.mpr.or.kr)의 자유게시판에 질문을 하면 답변해 드리겠습니다.

good luck

Step 02

시폭 확대 훈련

시폭 확대 운동에 대하여

1 시폭 확대 훈련이란

속독을 하는 방법은 여러 가지가 있습니다. 그중에서도 '스타킹 속독법(MPR 심상 학습 속독법)'은 책의 한 쪽을 한 번에 보고 이해하는 방법을 사용합니다. 따라서 이를 익히려면 먼저 눈 체조 운동을 통하여 시폭(示幅)을 확대해야 합니다. 야구 선수가 선구안이 좋아야 홈런이나 안타를 잘 칠 수 있듯이, 속독을 하기 위해서는 넓은 범위를 볼 수 있도록 시폭이 좋아야 한다는 것으로 이해하면 됩니다. 시폭 확대 훈련이란 말 그대로 시야의 범위를 넓히는 훈련으로 3단계에 걸쳐 실시합니다.

2 시폭 확대 훈련 시 장애가 오는 증상 및 대책

시폭 확대 훈련은 시력, 깜박이는 버릇 등 개인의 눈 상태에 따라 차이가 발생할 수 있습니다. 그러므로 각자의 사정을 고려해서 훈련하기를 바랍니다. 자신의 형편을 헤아려서 훈련하는 것이 보다 빨리 성공할 수 있는 지름길입니다. 내 눈에 이상이 있다고 해서 속독을 배울 수 없는 것은 아닙니다. 시력이 좋은 사람보다 속도가 조금 더딜 수는 있겠지만 꾸준히 훈련하면 충분히 속독 능력을 키울 수 있습니다.

- 시신경이 약하여 오랜 시간 집중할 수 없는 경우 : 계속하다 보면 시신경이 강해집니다. 눈물이 많이 나오겠지만 괜찮습니다.
- 원이 이중으로 보이거나 입체적으로 보이는 경우 : 왼쪽 눈과 오른쪽 눈의 시력 차이 때문에 생기는 현상입니다. 그리고 난시가 있는 경우에도 발생할 수 있습니다. 마음을 편안히 하고 너무 신경 쓰지 않는 것이 좋습니다.

- 가운데 작은 원이 살아 움직이는 것처럼 돌출되는 경우 : 초점을 작은 원에 맞췄기 때문입니다. 전체 큰 원으로 초점을 넓히세요.
- 집중을 하면 머리가 심하게 아픈 경우 : 혹시 눈에 이상이 있을지 모르니 안과에 가서 진료를 받아 보는 게 좋겠습니다.

3 속독 훈련을 위한 기본자세

독서를 할 때는 편안한 자세를 취하는 것이 좋습니다. 꼭 의자에 앉아서만 독서를 해야 하는 것은 아니지요. 침대 위에서 등을 대고 독서할 수도 있고, 엎드려서 독서할 수도 있습니다. 그렇지만 속독이 자연스러워질(숙달될) 때까지는 자세를 바르게 하여 연습해야 합니다.

- 허리와 가슴을 펴고 정면을 응시합니다.
- 독서대 위에 책을 놓고 약 25~40cm 정도 손을 뻗어 잡습니다.
- 다리는 무릎이 바닥과 90° 정도 되게 하고 발바닥은 바닥을 밟습니다.
- 얼굴은 책 양쪽 면의 중심인 제본선과 콧날 선을 맞춥니다.
- 책을 볼 때는 얼굴은 움직이지 말고 눈만 보고자 하는 쪽으로 향하여 봅니다.

시폭 확대 운동 ❶

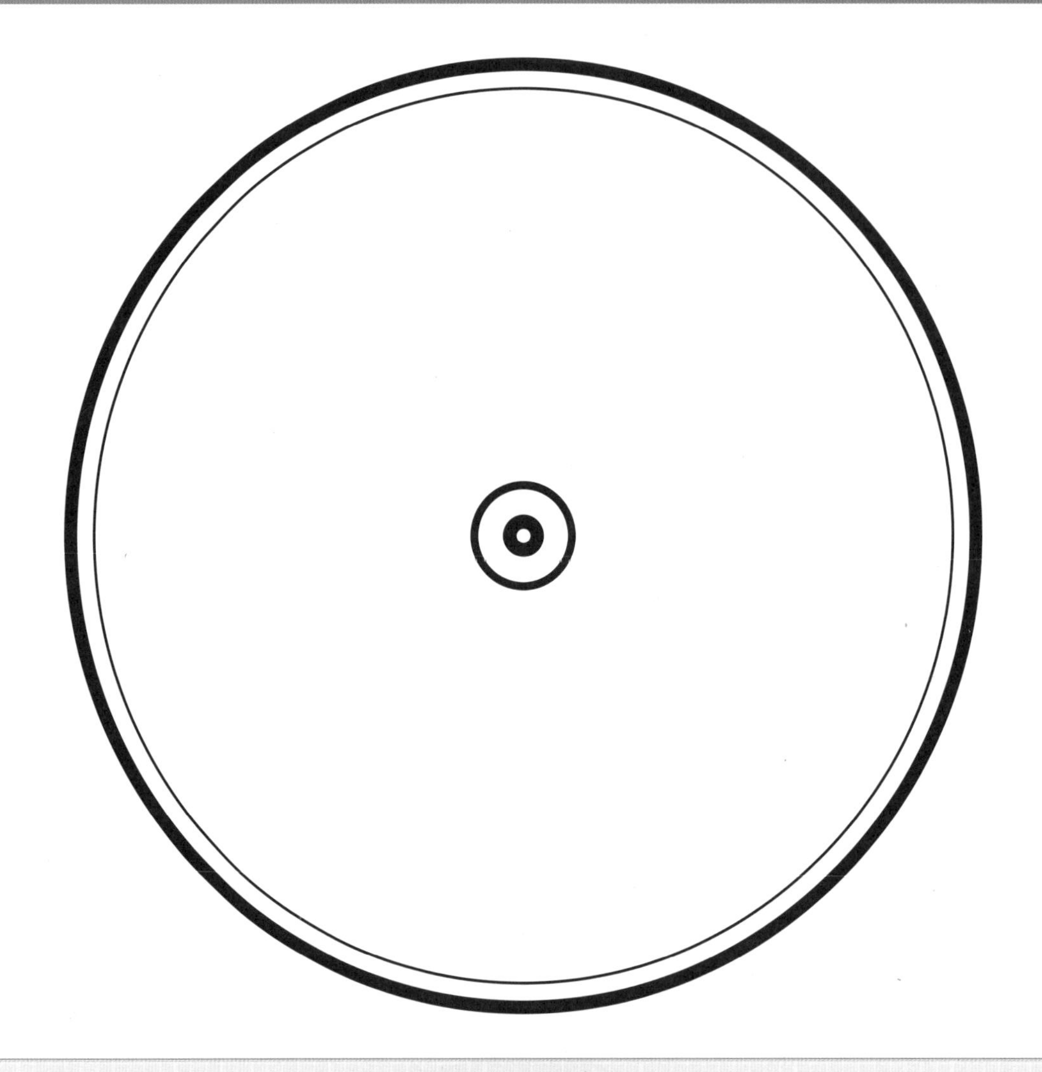

- 망막 중심에 있는 시세포의 시폭 범위를 넓히는 방법입니다.
- 눈을 크게 뜨고 외각선 전체를 바라봅니다(3분간).
- 가능한 한 눈을 깜박이지 않습니다.

  - 눈을 깜박여도 문제가 되지 않습니다. 개인의 눈의 사정에 따라 깜박일 수 있기 때문입니다. 다만 강한 눈을 만들려면 가능한 한 눈을 깜박이지 마세요.
- 선이 희미해지거나 끊어져 보이면 눈에 힘을 주어 바라봅니다.
- 안쪽선과 바깥선이 분명하게 구별되어 보여야 합니다.
- 눈이 초점은 원의 전체에 둡니다.
- 시폭 확대 훈련은 1→2→3단계로 가면서 조금씩 확대됩니다.

시폭 확대 운동 ❷

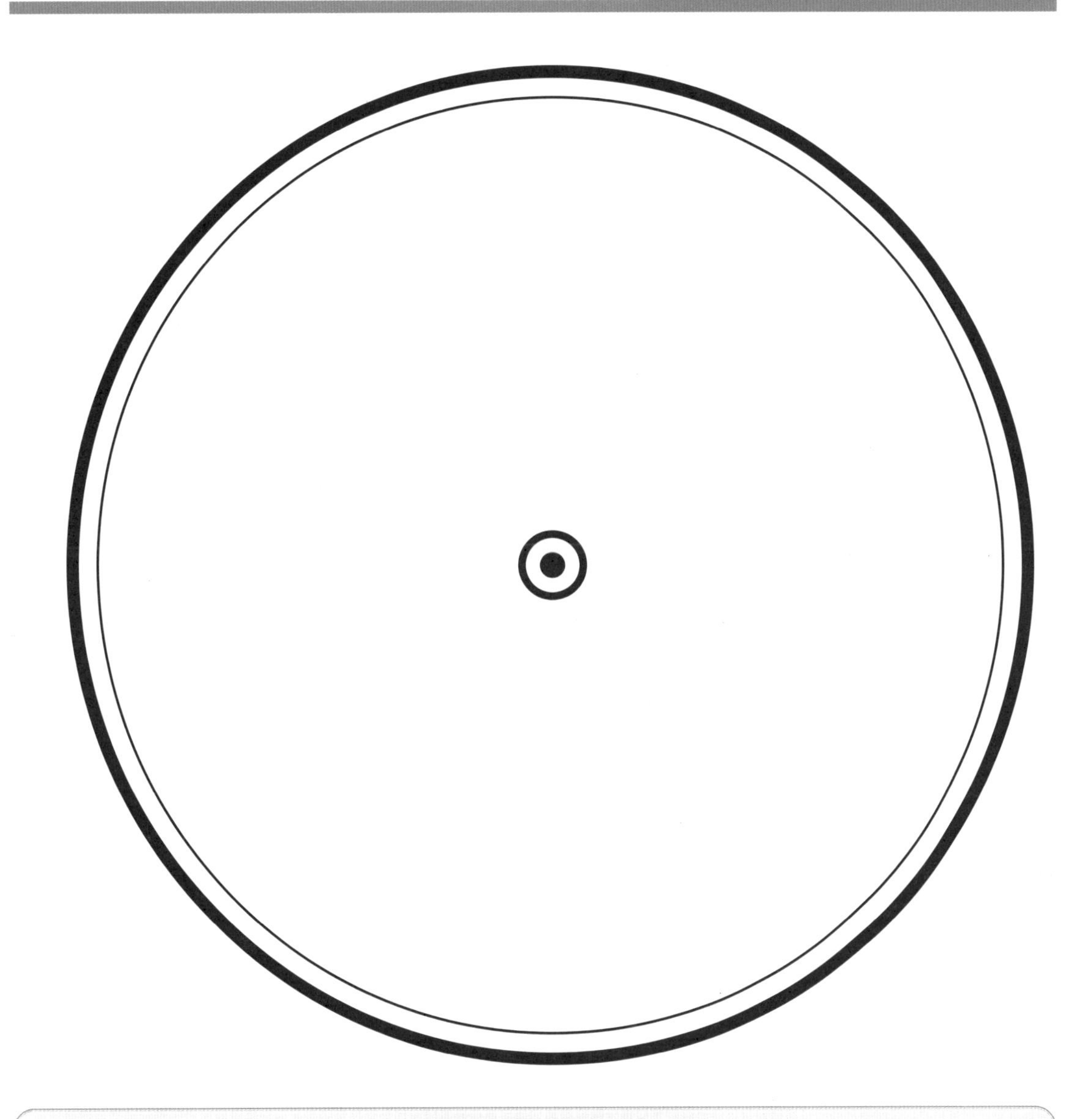

- 망막 중심에 있는 시세포의 시폭 범위를 넓히는 방법입니다.
- 눈을 크게 뜨고 외각선 전체를 바라봅니다(3분간).
- 가능한 한 눈을 깜박이지 않습니다.
- 선이 희미해지거나 끊어져 보이면 눈에 힘을 주어 바라봅니다.
- 안쪽선과 바깥선이 분명하게 구별되어 보여야 합니다.
- 눈이 초점은 원의 전체에 둡니다.
- 시폭 확대 훈련은 1→2→3단계로 가면서 조금씩 확대됩니다.

시폭 확대 운동 ❸

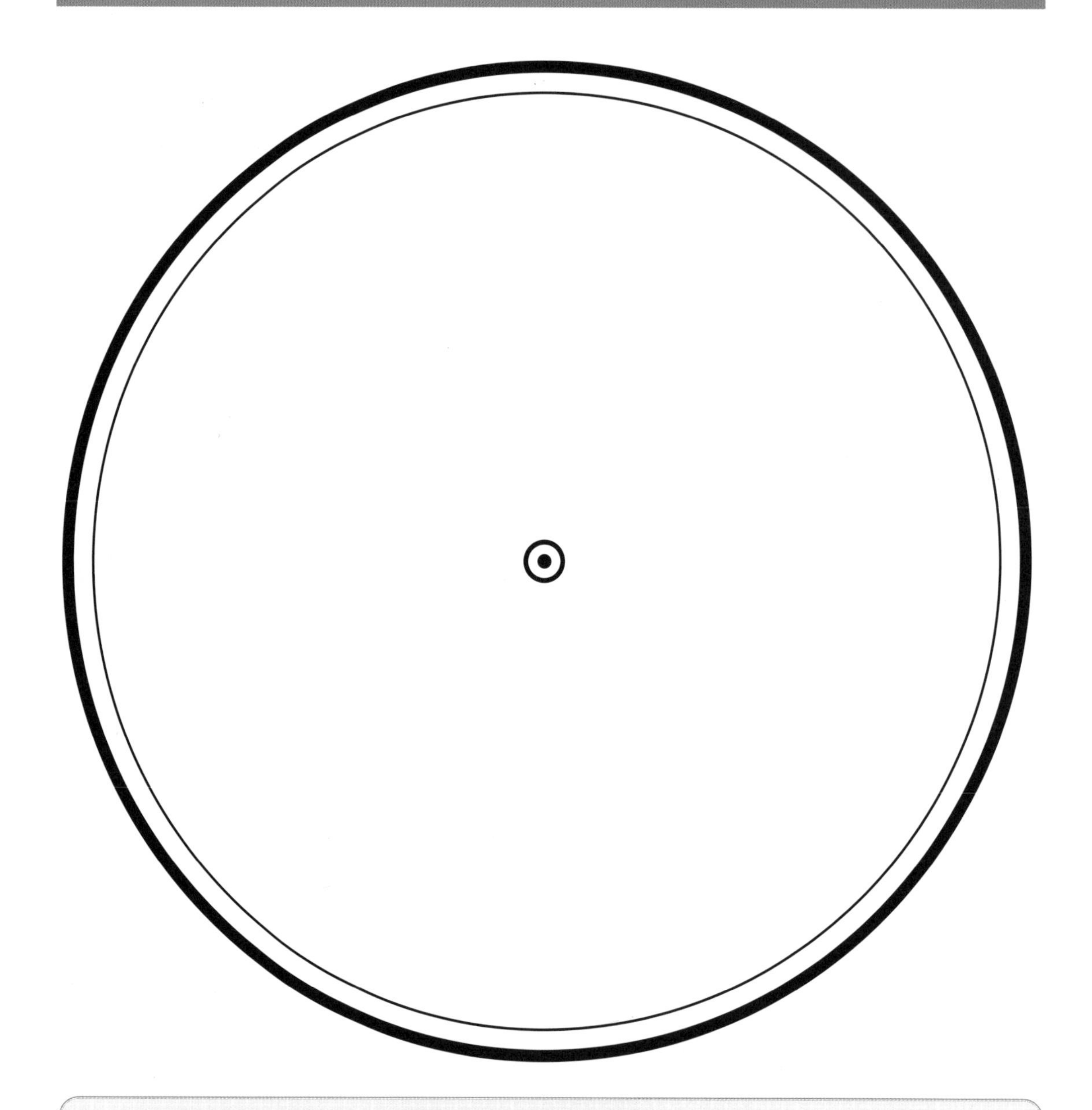

- 눈을 크게 뜨고 외각선 전체를 바라봅니다(3분간).
- 가능한 한 눈을 깜박이지 않습니다.
- 선이 희미해지거나 끊어져 보이면 눈에 힘을 주어 바라봅니다.
- 안쪽선과 바깥선이 분명하게 구별되어 보여야 합니다.
- 눈이 초점은 원의 전체에 둡니다.
- 시폭 확대 훈련은 1→2→3단계로 가면서 조금씩 확대됩니다.

시폭 확대 운동 실행 기록표

번호	단계	집중도	일시
1	1·2·3단계	○	6/13
2			
3			
4			
5			
6			
7			
8			
9			
10			
11			
12			
13			
14			
15			
16			
17			
18			
19			
20			
21			
22			
23			
24			
25			
26			
27			
28			
29			
30			
31			
32			
33			
34			
35			
36			
37			
38			
39			
40			

번호	단계	집중도	일시
41			
42			
43			
44			
45			
46			
47			
48			
49			
50			
51			
52			
53			
54			
55			
56			
57			
58			
59			
60			
61			
62			
63			
64			
65			
66			
67			
68			
69			
70			
71			
72			
73			
74			
75			
76			
77			
78			
79			
80			

Point

Step
03

시근육 운동

시근육 운동에 대하여

시근육이란 눈을 움직이는 근육으로 종근 4개와 횡근 2개 등 모두 6개로 이루어져 있습니다. 안구의 동공 바로 뒤에 붙어 있는 볼록 렌즈 모양의 수정체는 가까운 곳을 볼 때는 두꺼워지고 먼 곳을 볼 때는 얇아지는데, 이렇게 수정체를 조절하는 것이 시근육입니다.

사람의 눈은 가까운 곳을 긴 시간 동안 보고 나면 멀리 있는 것이 잘 안 보이게 되는데 이런 일이 누적되면 근시가 됩니다. 이는 시근육이 굳어져서 원활히 움직이지 못해서 오는 현상입니다. 나이가 들어 몸이 노쇠해지면 시근육도 탄력을 잃어 수정체를 잘 당기지 못하게 되는데 이런 경우를 원시라 합니다. 수정체가 당겨지지 않으니 가까운 곳이 잘 보이지 않게 되는 것이지요.

그러므로 좋은 시력을 유지하려면 시근육을 튼튼히 해야 합니다. 시근육이 굳어져 생기는 근시나 시근육이 탄력을 잃어 생기는 원시를 교정하는 방법이 바로 시근육 운동입니다. 여기서는 훈련 시간은 따로 정하지 않았습니다. 그 이유는 개인마다 차이가 있고 훈련을 하다보면 자신의 능력에 맞게 자연스럽게 조정되기 때문입니다. 시간에 쫓기지 말고 여유를 가지고 차분히 연습하도록 하세요.

속독 훈련을 할 때 기본이 되는 자세는 21쪽에서 설명하였습니다. 자세를 바르게 하고 훈련에 임하도록 하세요.

시근육 운동 실행 기록표

번호	단계	집중도	일시
1	1·2·3단계	○	6/13
2			
3			
4			
5			
6			
7			
8			
9			
10			
11			
12			
13			
14			
15			
16			
17			
18			
19			
20			
21			
22			
23			
24			
25			
26			
27			
28			
29			
30			
31			
32			
33			
34			
35			
36			
37			
38			
39			
40			

번호	단계	집중도	일시
41			
42			
43			
44			
45			
46			
47			
48			
49			
50			
51			
52			
53			
54			
55			
56			
57			
58			
59			
60			
61			
62			
63			
64			
65			
66			
67			
68			
69			
70			
71			
72			
73			
74			
75			
76			
77			
78			
79			
80			

1 에서 14 까지 갔다가 다시 1 로 오면 1회입니다. 각각 20회 반복하세요.

1

3

5

7

9

11

13

2

4

6

8

10

12

14

1 에서 24 까지 갔다가 다시 1 로 오면 1회입니다. 각각 20회 반복하세요.

1 3 5 7 9 11

2 4 6 8 10 12

13 15 17 19 21 23

14 16 18 20 22 24

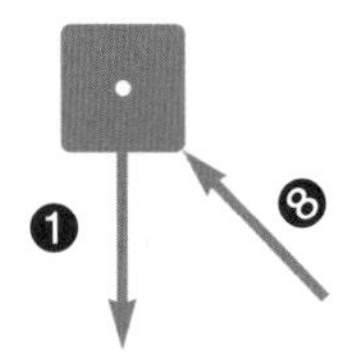
❶
❽

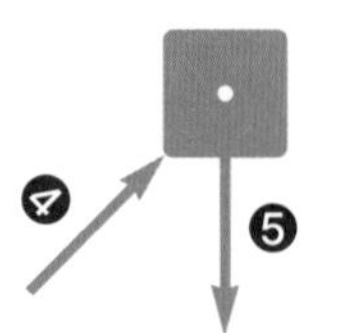
❹
❺

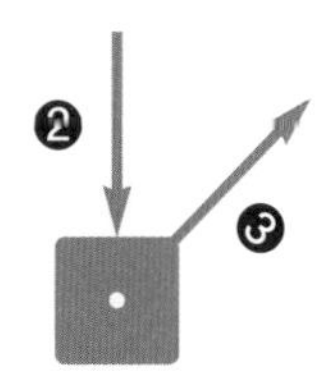
❷
❸

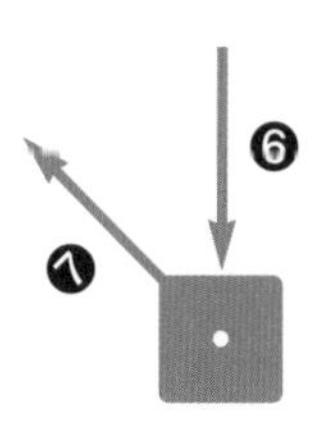
❻
❼

시근육 운동 

모래시계 모양을 만들면서 20회 반복합니다.

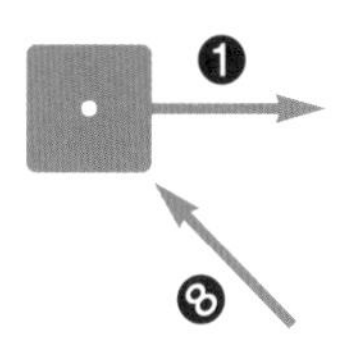

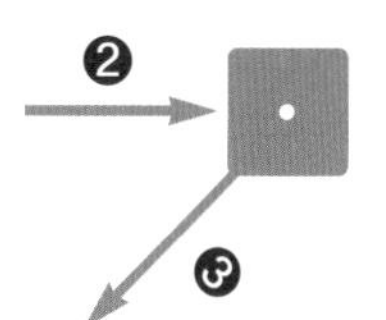

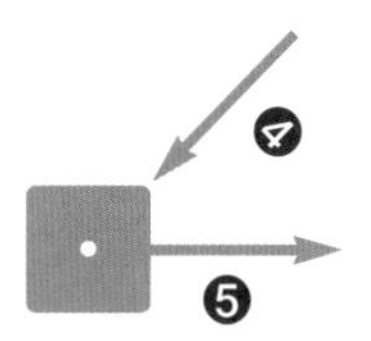

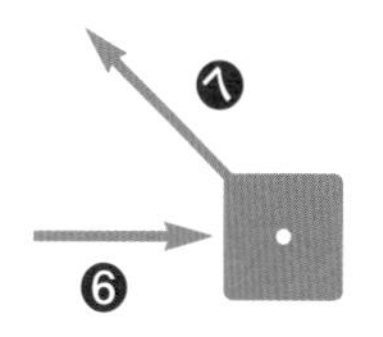

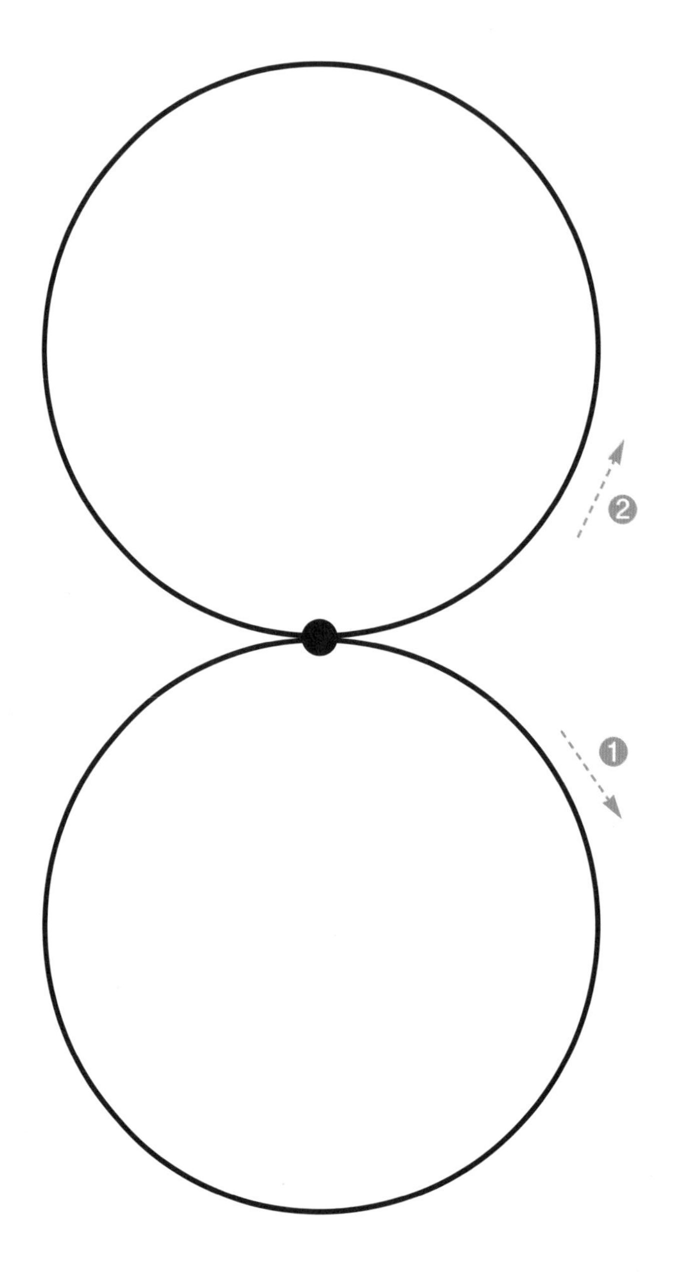
❷
❶

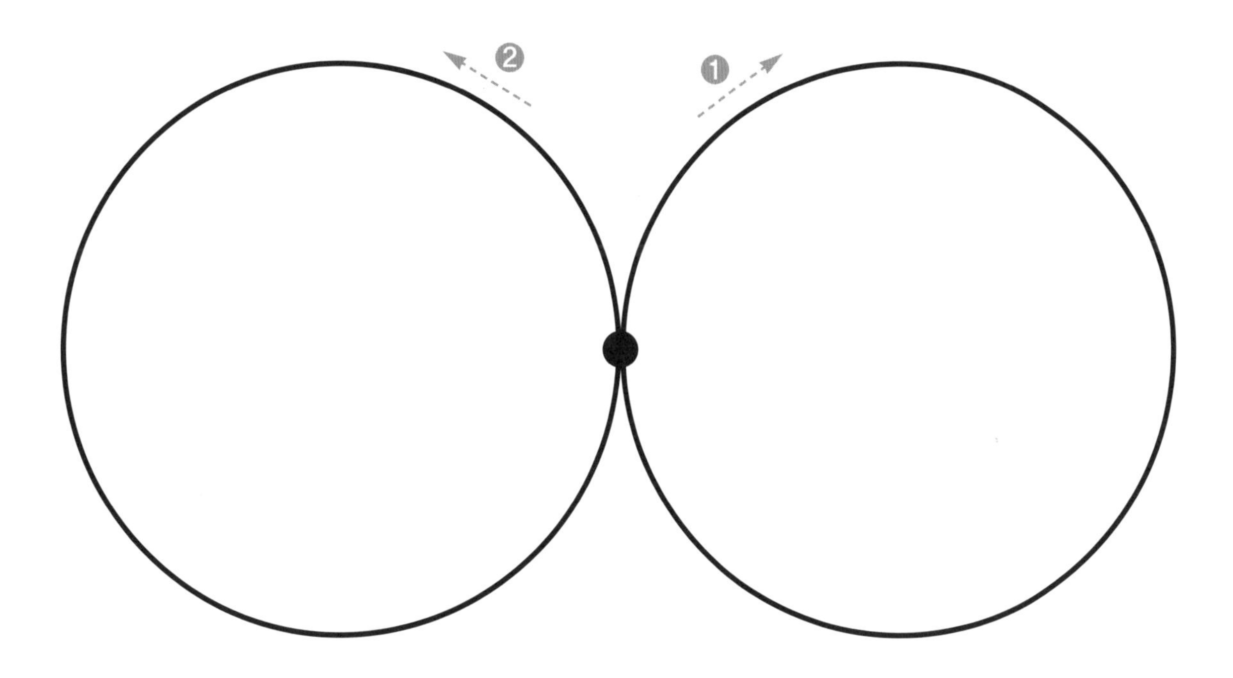

시근육도 근육이므로 사용한 다음에는 이완을 통하여 피로를 풀어 주어야 합니다. 눈에 힘을 빼고 ●을 천천히 가볍게 숫자 ❶의 방향으로 이동했다가 숫자 ❷의 방향으로 움직인 다음 원 위치에 오면 됩니다. 각각 20회 반복하세요.

시근육 이완 운동 ❸

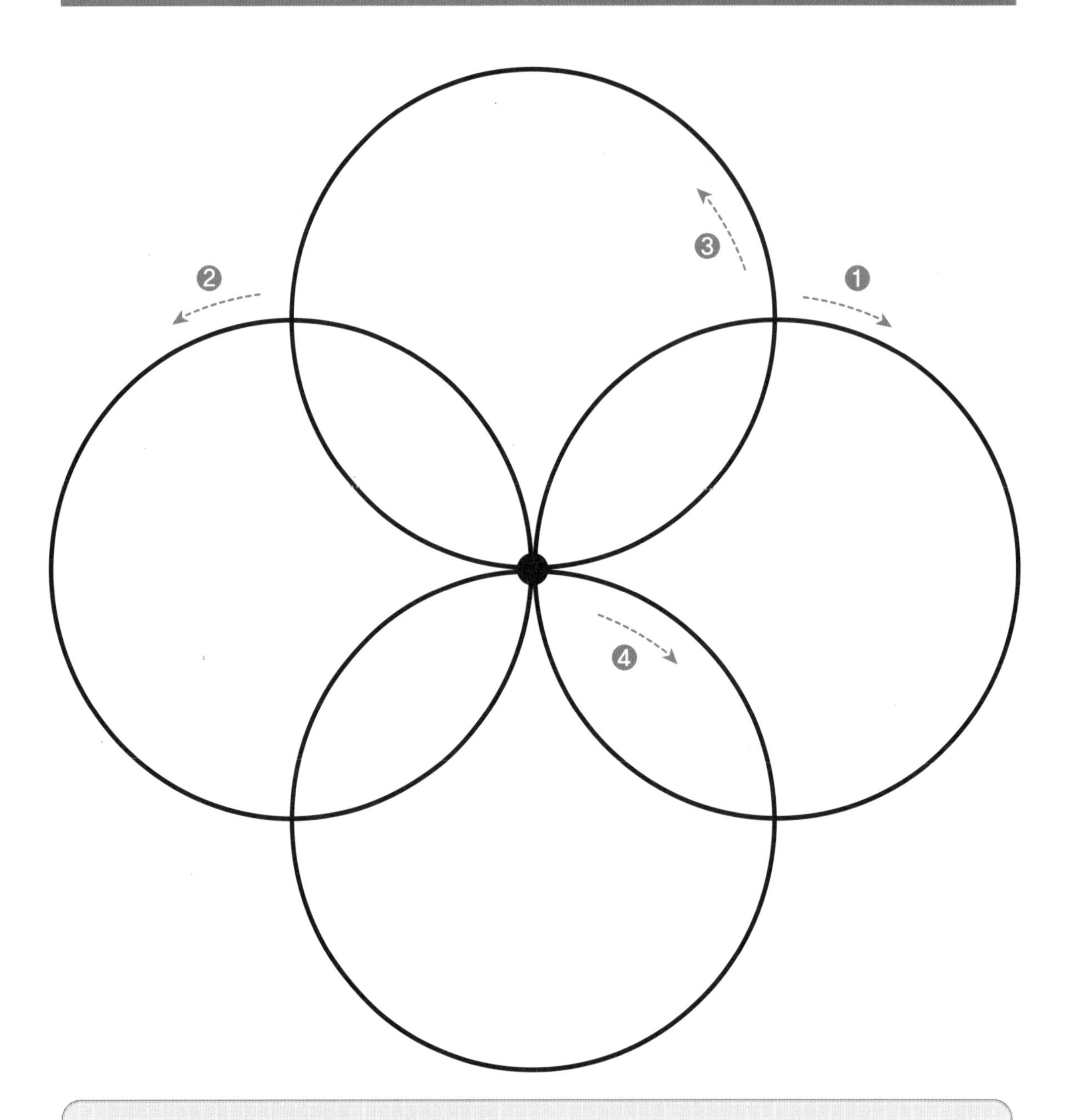

이렇게 매일같이 시근육 운동을 함으로써 눈이 건강해지고 명시 거리 내에서 책을 보는 것이 수월해지면 속독을 위한 눈이 만들어진 것입니다. 그렇다고 바로 속독에 돌입할 수 있는 것은 아닙니다. 속독을 하기 위해서는 시폭을 확대시키는 훈련을 해야 하는데, 이에 앞서 머리 지압을 통해 뇌의 에너지인 산소를 뇌에 많이 공급해 주도록 합시다. 산소는 피 속에 포함되어 있으니 혈액 순환을 활발하게 하도록 하자는 것이지요.

시근육 이완 운동 실행 기록표

번호	단계	집중도	일시
1	1·2·3단계	○	6/13
2			
3			
4			
5			
6			
7			
8			
9			
10			
11			
12			
13			
14			
15			
16			
17			
18			
19			
20			
21			
22			
23			
24			
25			
26			
27			
28			
29			
30			
31			
32			
33			
34			
35			
36			
37			
38			
39			
40			

번호	단계	집중도	일시
41			
42			
43			
44			
45			
46			
47			
48			
49			
50			
51			
52			
53			
54			
55			
56			
57			
58			
59			
60			
61			
62			
63			
64			
65			
66			
67			
68			
69			
70			
71			
72			
73			
74			
75			
76			
77			
78			
79			
80			

정신을 맑게 하는 지압법

1 좌, 우 엄지를 세우고 나머지 손가락은 가볍게 쥔다. 엄지 끝으로 태양을 누른다(약 7초).

2 광대뼈 밑을 엄지 끝으로 누른다(약 7초).

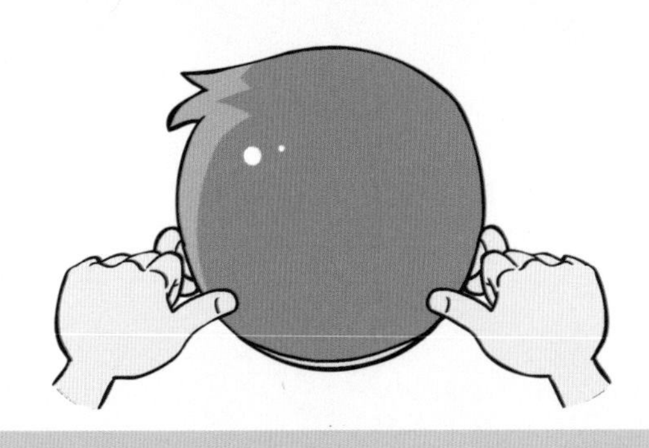

3 엄지 끝으로 풍지를 누른다(약 7초).

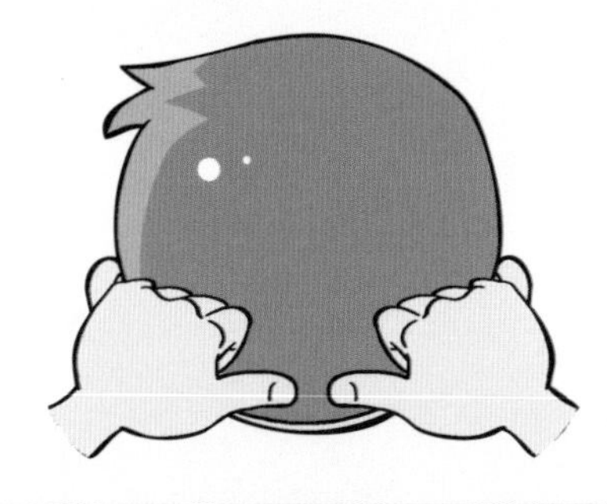

4 뒤통수 밑에 들어간 부위를 양손 엄지를 모아 누른다.

5 손가락을 가지런히 하여 머리 위에서 아래로 누른다.

6 양손의 엄지로 미간을 지그시 누른다.

7 인지로 눈의 위쪽 뼈를 들어 올리듯 누른다.

8 눈을 감았을 때 눈시울의 높이에서 코 쪽으로 있는 오목한 부위를 누른다.

9 인지로 눈의 아래쪽 뼈를 지그시 누른다.

10 손바닥을 비벼 뜨겁게 한 후 제각기 알을 쥐듯이 완형을 만들어 양쪽 눈을 가린다.

SAT

Step

04

우뇌·좌뇌 훈련

우뇌 형상 인지 훈련에 대하여

우뇌는 좌뇌와 달리 눈에 보이는 그대로, 직관적으로 받아들이는 능력이 있습니다. 이론적으로 따져서 아는 게 아니라 그냥 인정해서 알게 한다는 것입니다. 이런 우뇌의 능력을 시폭 확대 훈련에 적용시켜 보니 대단히 좋은 속독 훈련 성과를 얻을 수 있었습니다. 독자 여러분도 좋은 속독 능력을 얻기 위하여 이 책에서 가르쳐 주는 대로 의심하지 말고 따라와 주기를 바랍니다. 의심을 뒤로하고 지시하는 대로 따라 하면 누구나 성공할 수 있습니다.

우뇌 현상 인지 훈련을 통한 시폭 확대 훈련은 내용을 파악할 필요 없는 무의미한 단순한 도형을 이용합니다. 의미는 없기에 시폭을 확대하는 데만 신경을 쓰면 되므로 어렵지는 않습니다.

➔ 제본선과 콧날 선을 맞추는 것은 변함이 없습니다. 얼굴은 책의 정면을 향하고 눈만 움직여 먼저 3칸을 끊어서 보기를 바랍니다. 처음 시도할 때, 연습하는 방법을 경험하기 위해서입니다. 끝까지 보면 6,000개를 보게 되는 것입니다. **시간을 재어 시간을 기록합니다.** 한 줄에 '□'이 10칸이 있으므로 4번으로 끊어 보게 됩니다.

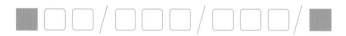

이런 식이 되는 것이지요.

➔ 두 번째부터는 자신의 시력을 이용하여 몇 칸이 보이는지 확인하고 처음부터 시작합니다. 4칸이 보인다면 5칸씩 봐야 합니다. 그래서 5칸이 잘 보이게 되면 6칸을 봅니다. 그

러면 한 줄 10칸은 6칸 / 4칸을 보게 되는 것이지요.

5칸씩 보기

■ □ □ □ □ / □ □ □ □ ■

6칸씩 보기

■ □ □ □ □ □ / □ □ □ ■

➔ 이렇게 해서 6칸이 잘 보이게 되면 7칸 / 3칸씩 봐야 합니다. 이런 식으로 하여 한 줄이 다 보이면 3줄씩 보는 것입니다. 3줄이 다 보이면 5줄씩 보고 해서 한 페이지가 다 보이면 우뇌 형상 인지 훈련은 완성이 됩니다.

한 번에 한 줄 보기

■ □ □ □ □ □ □ □ □ ■

한 번에 세 줄 보기

■ □ □ □ □ □ □ □ □ ■

■ □ □ □ □ □ □ □ □ ■

■ □ □ □ □ □ □ □ □ ■

한 번에 다섯 줄 보기

■ □ □ □ □ □ □ □ □ ■

■ □ □ □ □ □ □ □ □ ■

■ □ □ □ □ □ □ □ □ ■

■ □ □ □ □ □ □ □ □ ■

■ □ □ □ □ □ □ □ □ ■

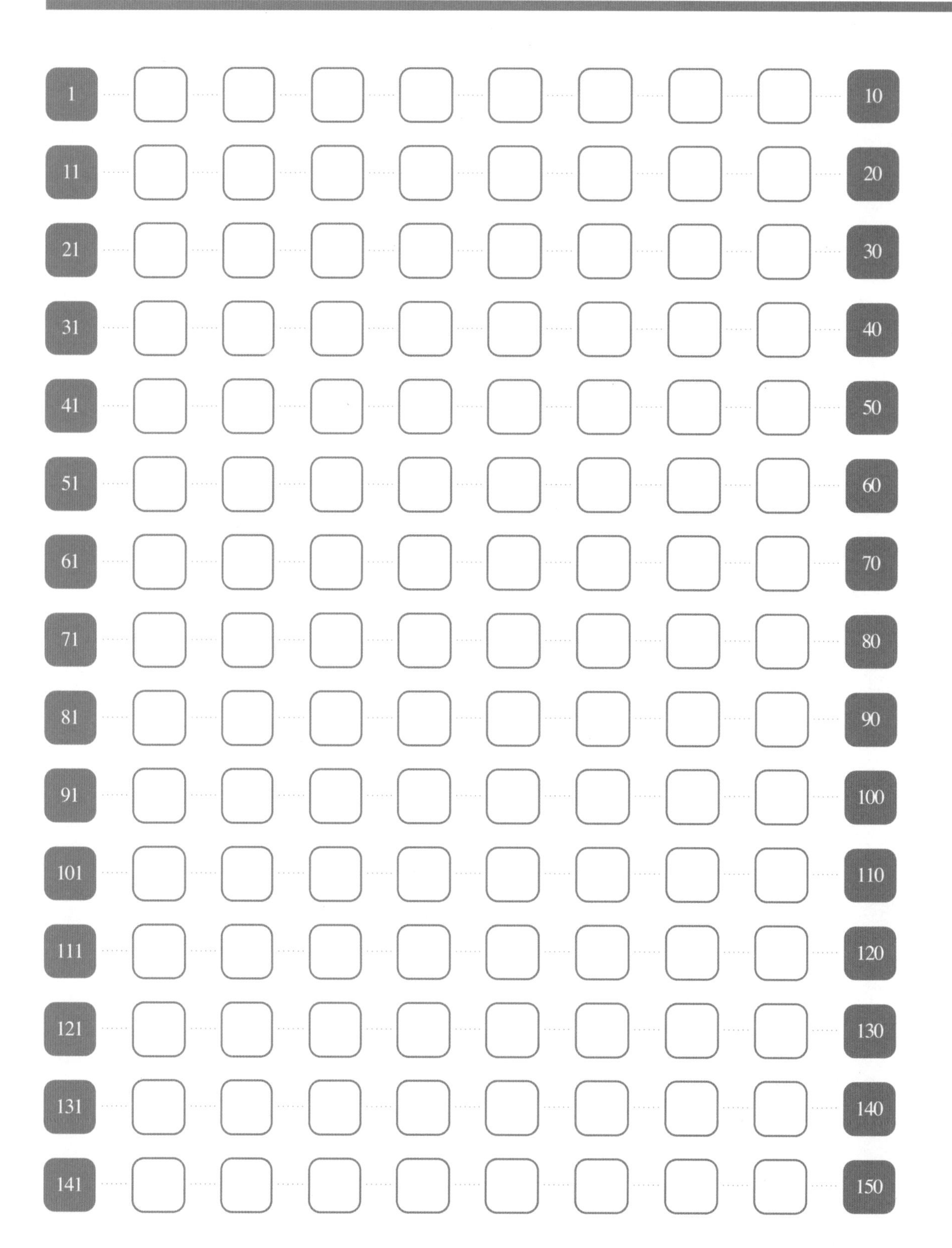
1
10
11
20
21
30
31
40
41
50
51
60
61
70
71
80
81
90
91
100
101
110
111
120
121
130
131
140
141
150

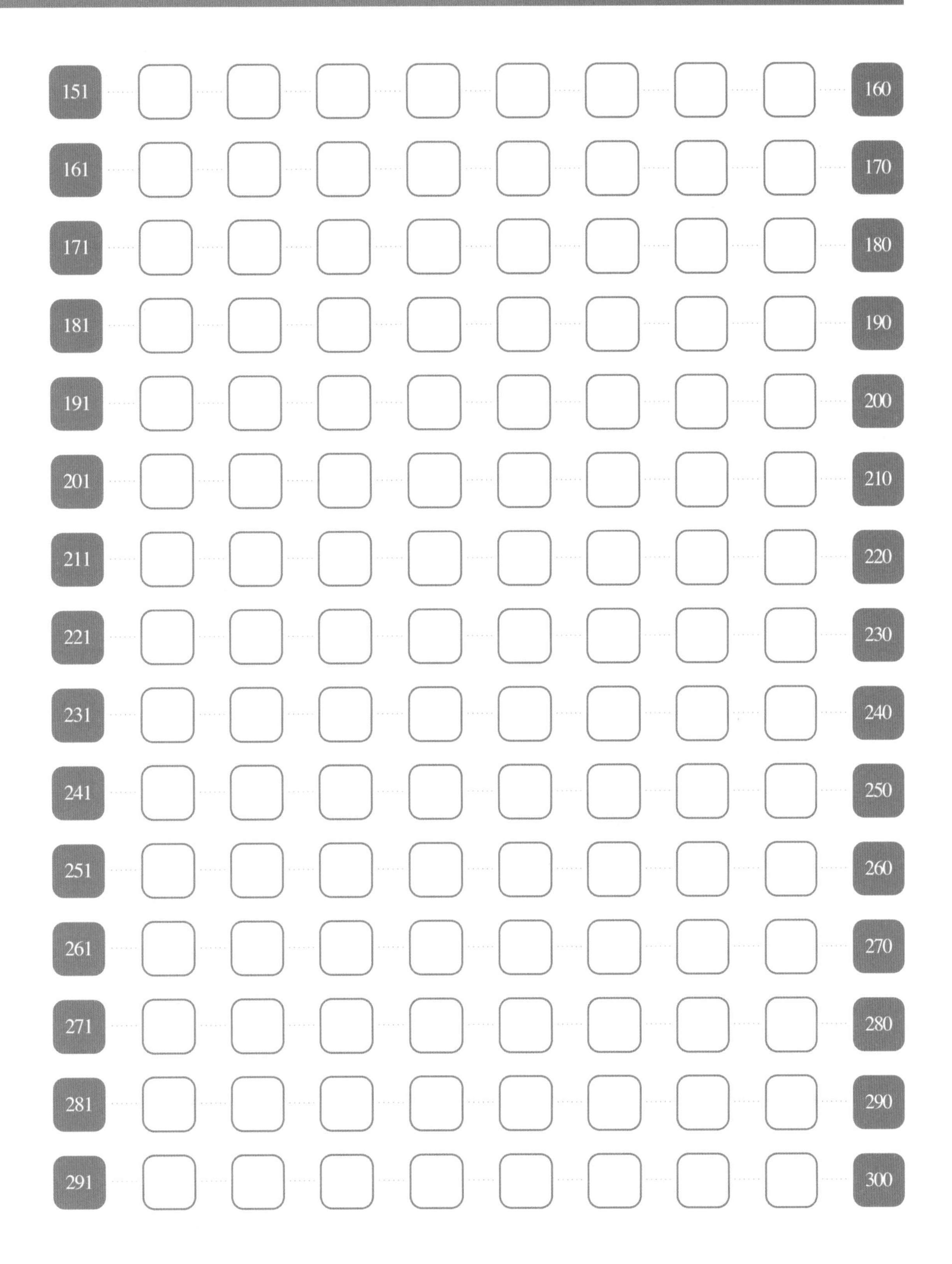
151
160
161
170
171
180
181
190
191
200
201
210
211
220
221
230
231
240
241
250
251
260
261
270
271
280
281
290
291
300

301									310
311									320
321									330
331									340
341									350
351									360
361									370
371									380
381									390
391									400
401									410
411									420
421									430
431									440
441									450

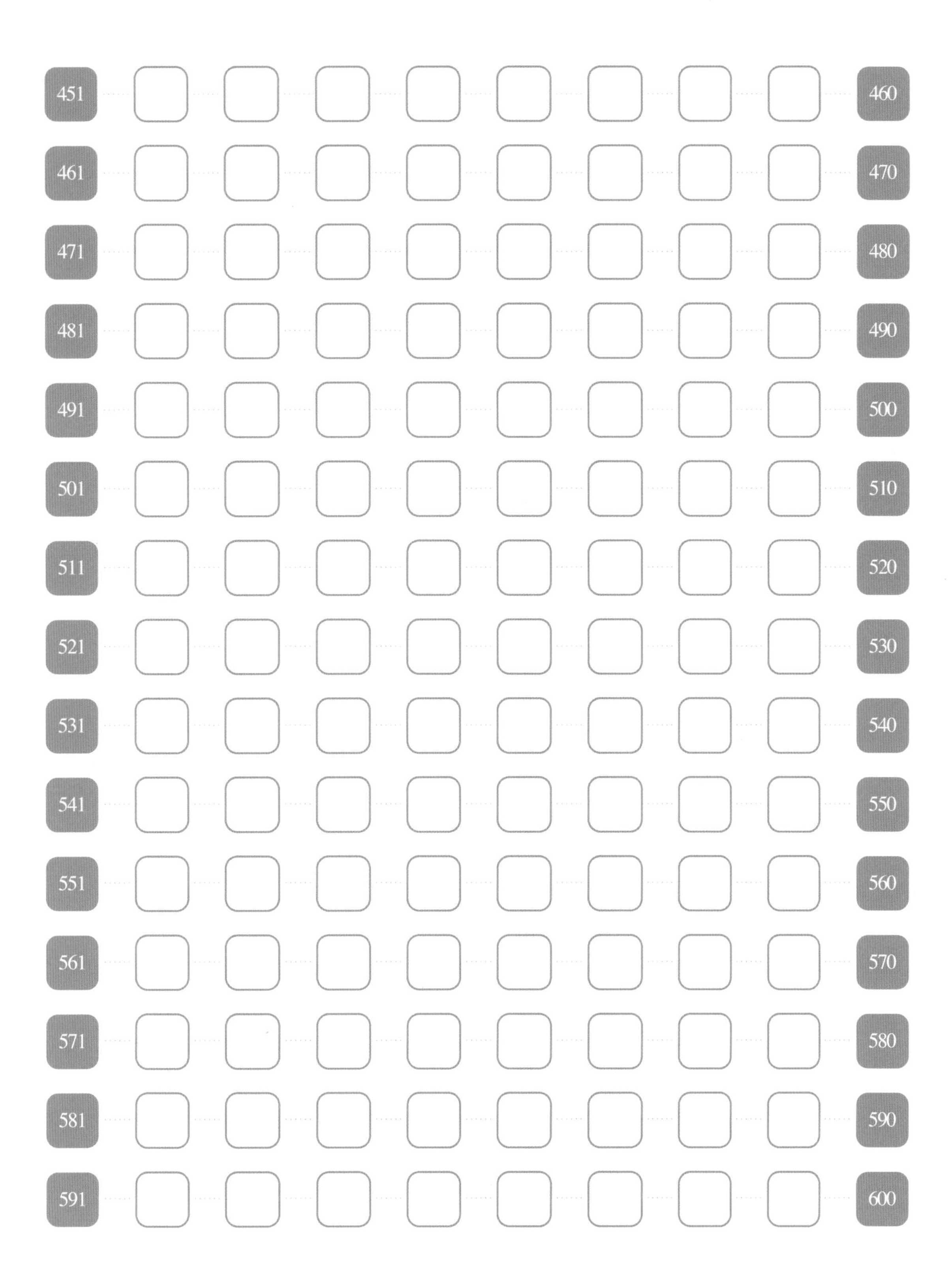
451
460
461
470
471
480
481
490
491
500
501
510
511
520
521
530
531
540
541
550
551
560
561
570
571
580
581
590
591
600

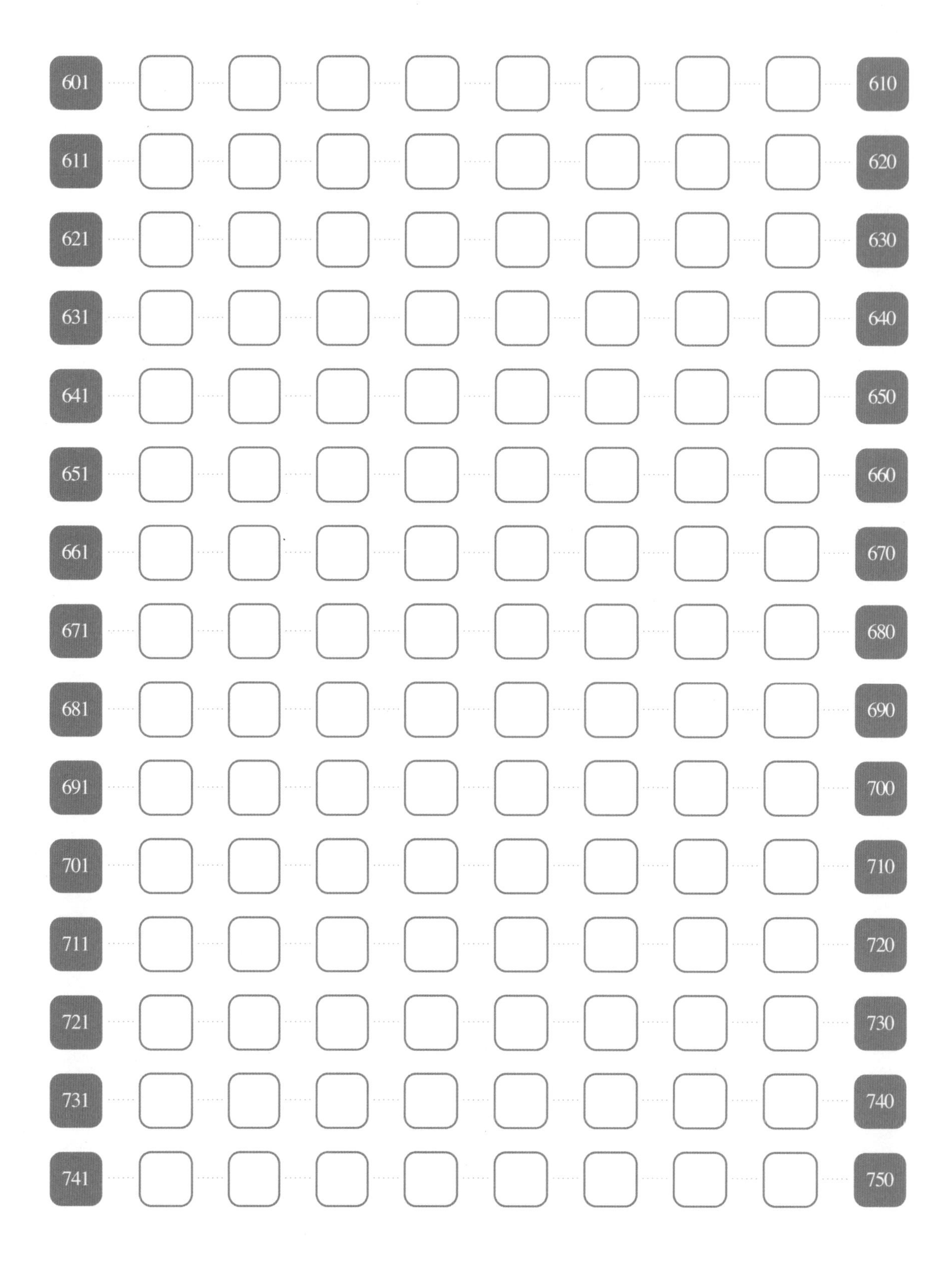
601
610
611
620
621
630
631
640
641
650
651
660
661
670
671
680
681
690
691
700
701
710
711
720
721
730
731
740
741
750

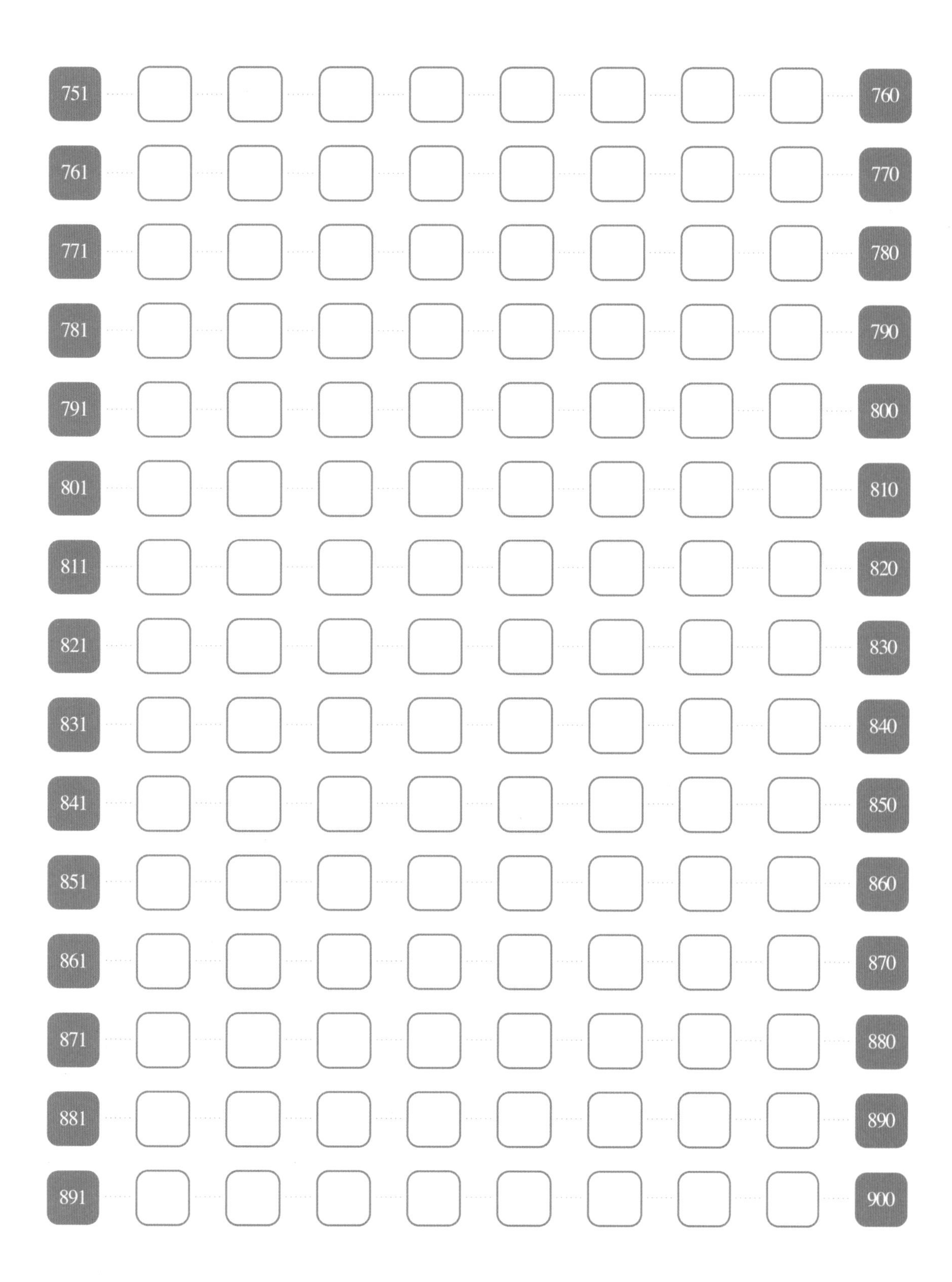

751
760
761
770
771
780
781
790
791
800
801
810
811
820
821
830
831
840
841
850
851
860
861
870
871
880
881
890
891
900

901									910
911									920
921									930
931									940
941									950
951									960
961									970
971									980
981									990
991									1000
1001									1010
1011									1020
1021									1030
1031									1040
1041									1050

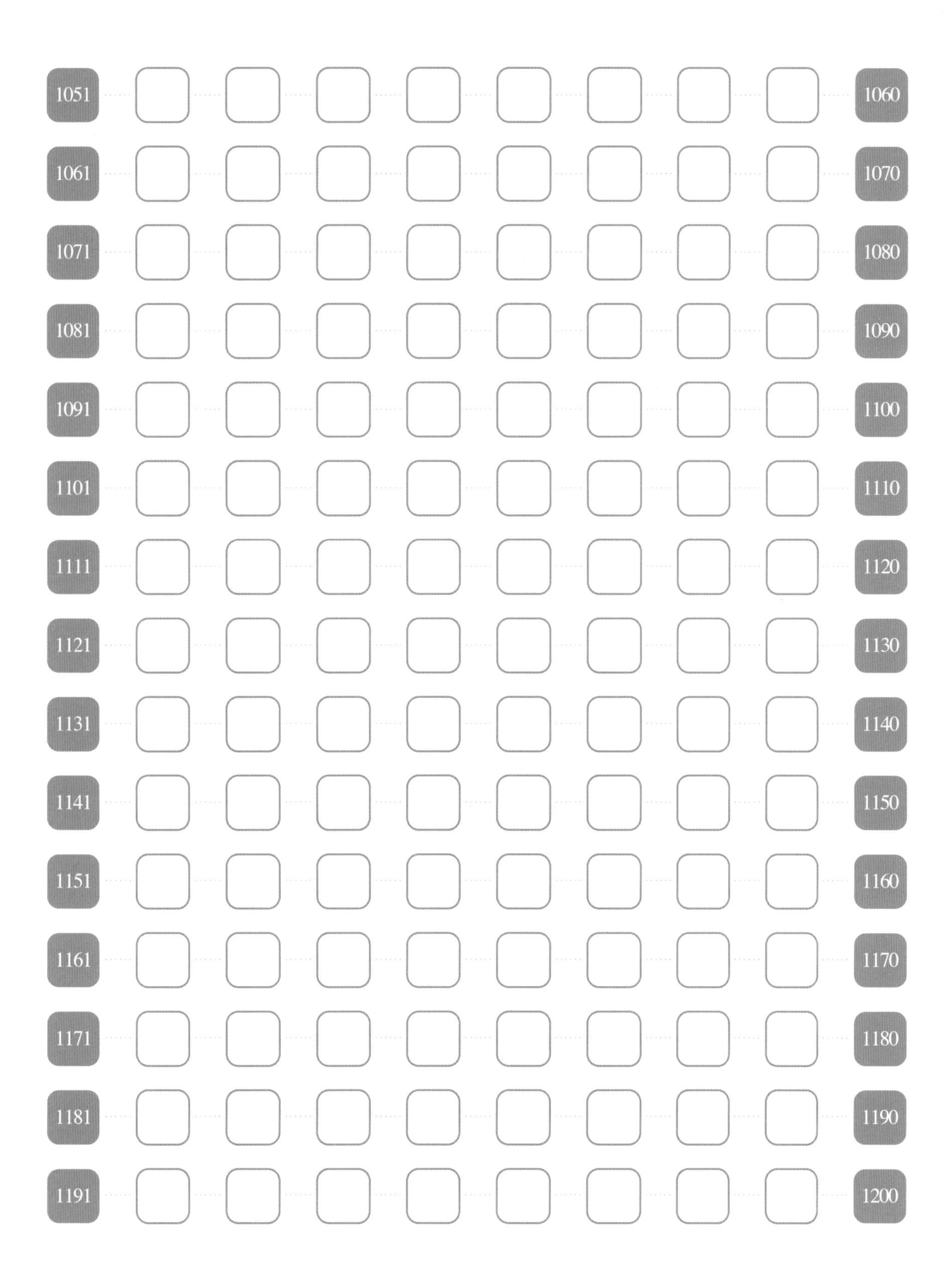
1051
1060
1061
1070
1071
1080
1081
1090
1091
1100
1101
1110
1111
1120
1121
1130
1131
1140
1141
1150
1151
1160
1161
1170
1171
1180
1181
1190
1191
1200

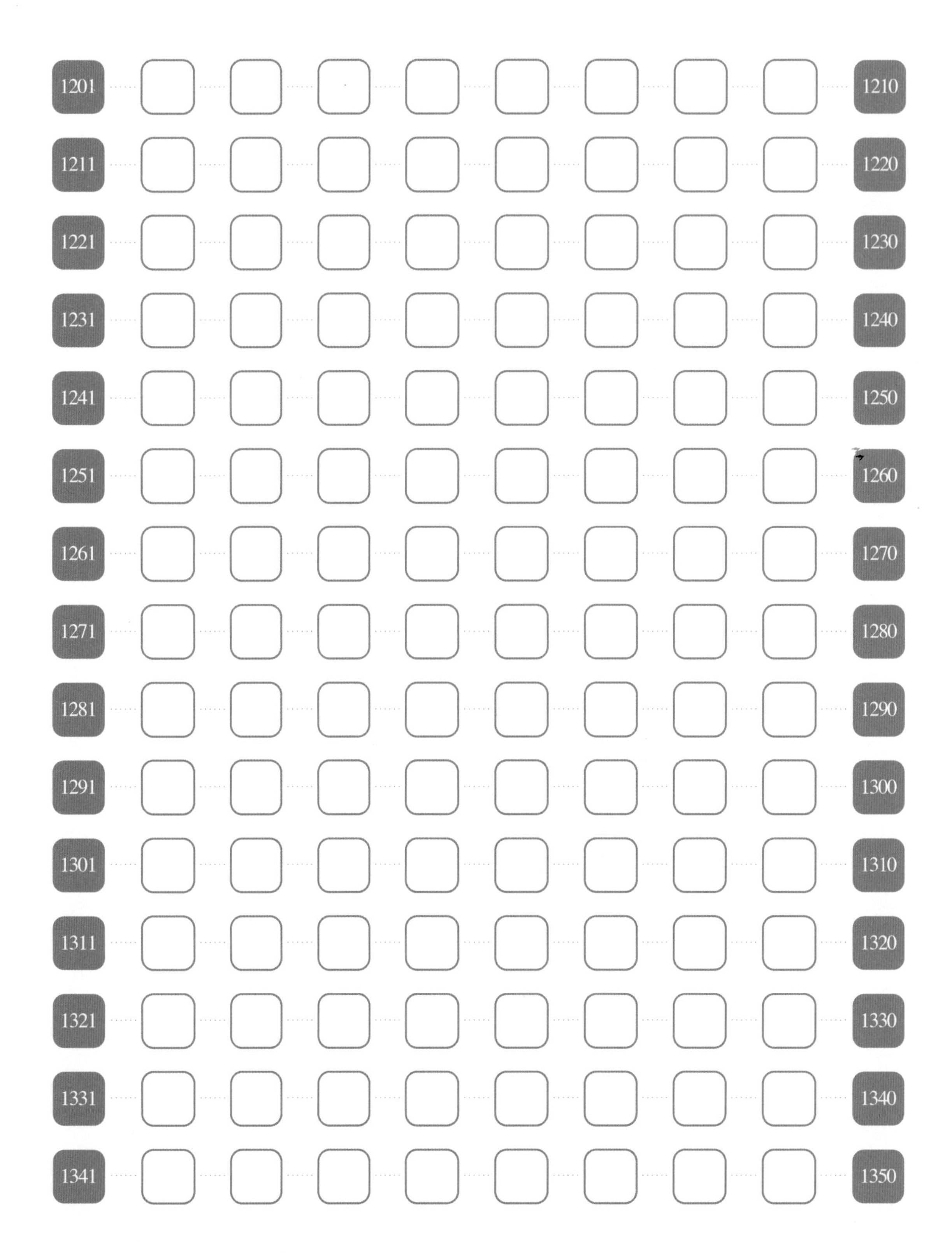
1201
1210
1211
1220
1221
1230
1231
1240
1241
1250
1251
1260
1261
1270
1271
1280
1281
1290
1291
1300
1301
1310
1311
1320
1321
1330
1331
1340
1341
1350

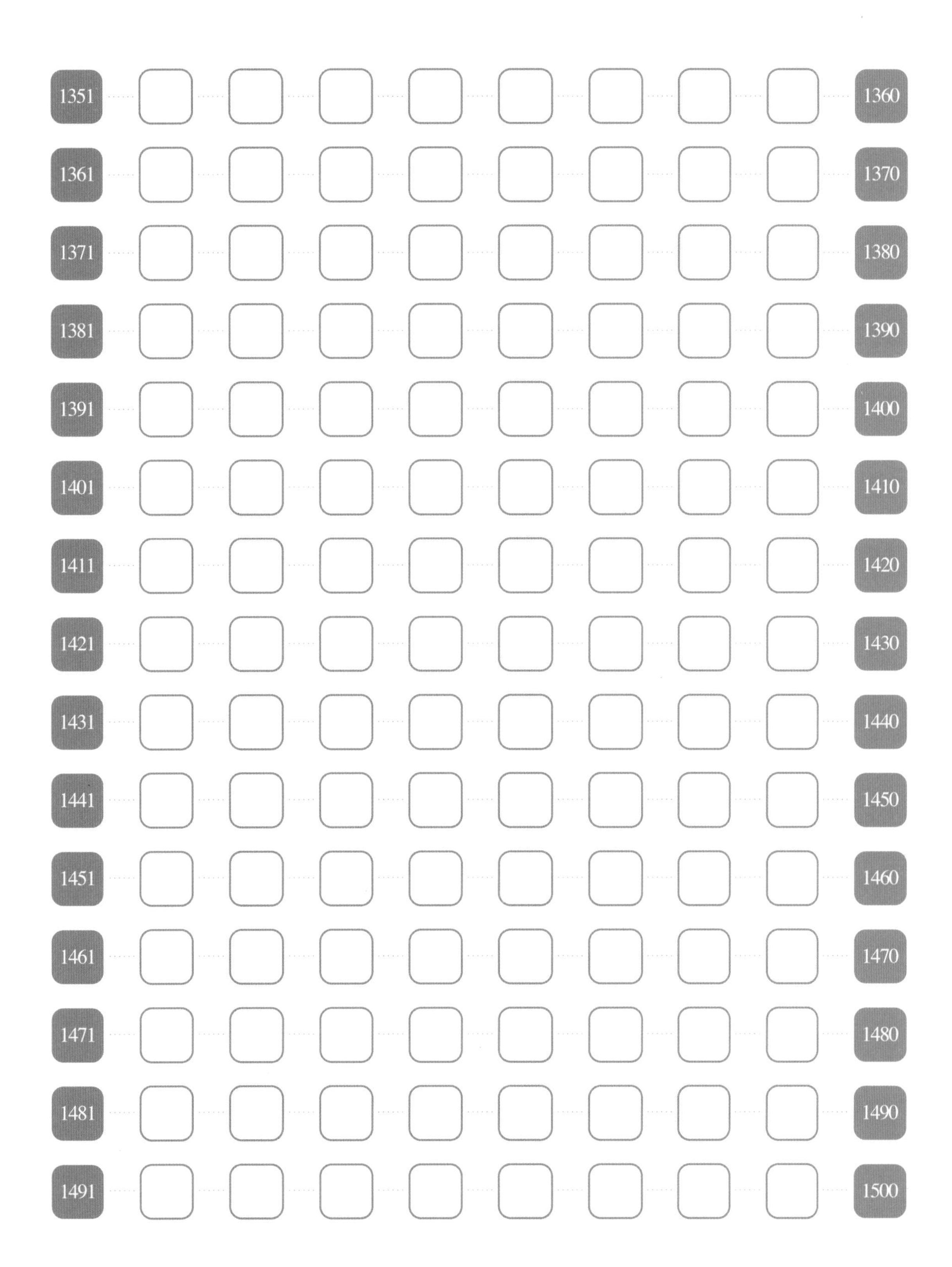
1351
1360
1361
1370
1371
1380
1381
1390
1391
1400
1401
1410
1411
1420
1421
1430
1431
1440
1441
1450
1451
1460
1461
1470
1471
1480
1481
1490
1491
1500

1501									1510
1511									1520
1521									1530
1531									1540
1541									1550
1551									1560
1561									1570
1571									1580
1581									1590
1591									1600
1601									1610
1611									1620
1621									1630
1631									1640
1641									1650

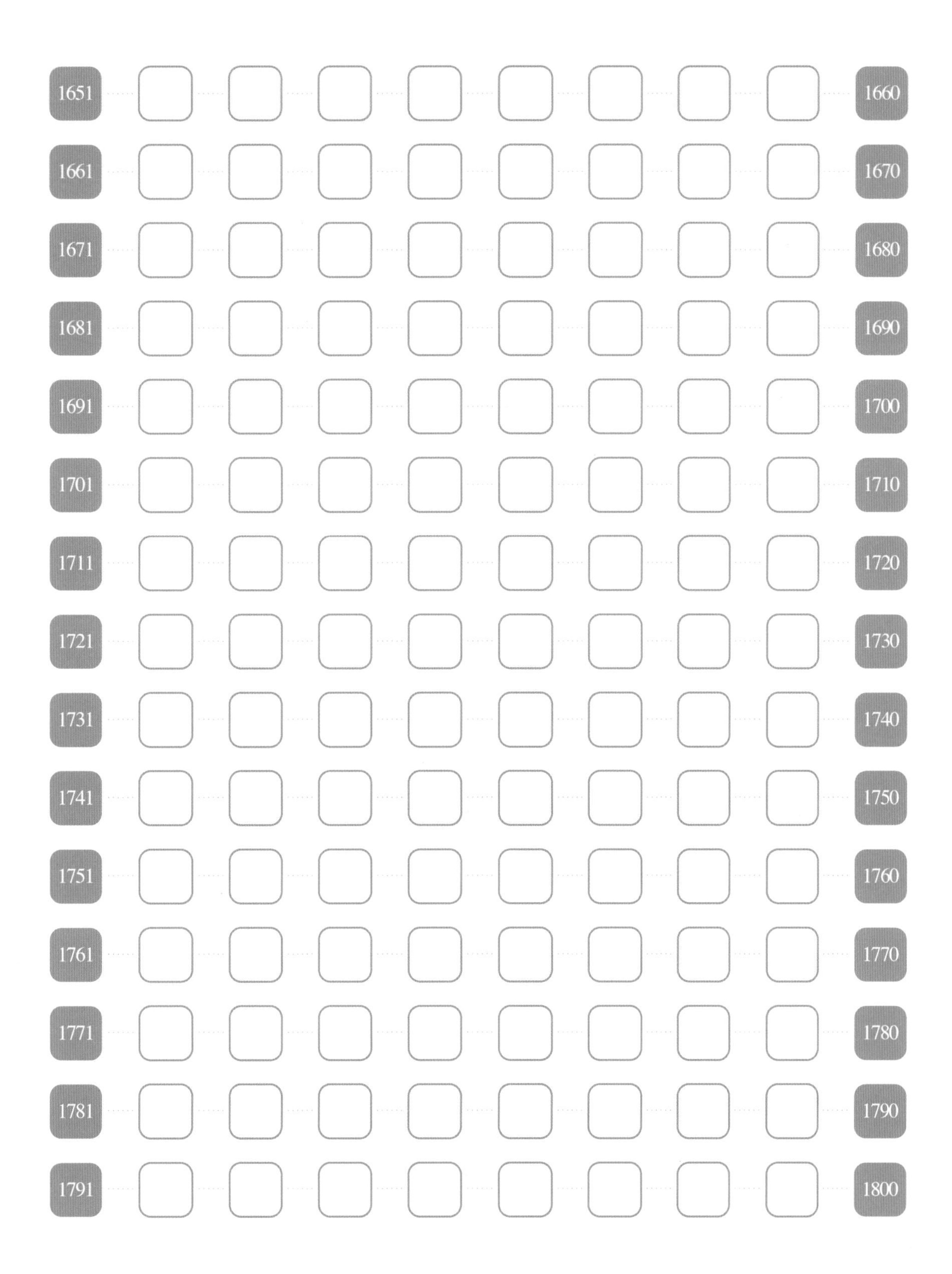
1651
1660
1661
1670
1671
1680
1681
1690
1691
1700
1701
1710
1711
1720
1721
1730
1731
1740
1741
1750
1751
1760
1761
1770
1771
1780
1781
1790
1791
1800

1801									1810
1811									1820
1821									1830
1831									1840
1841									1850
1851									1860
1861									1870
1871									1880
1881									1890
1891									1900
1901									1910
1911									1920
1921									1930
1931									1940
1941									1950

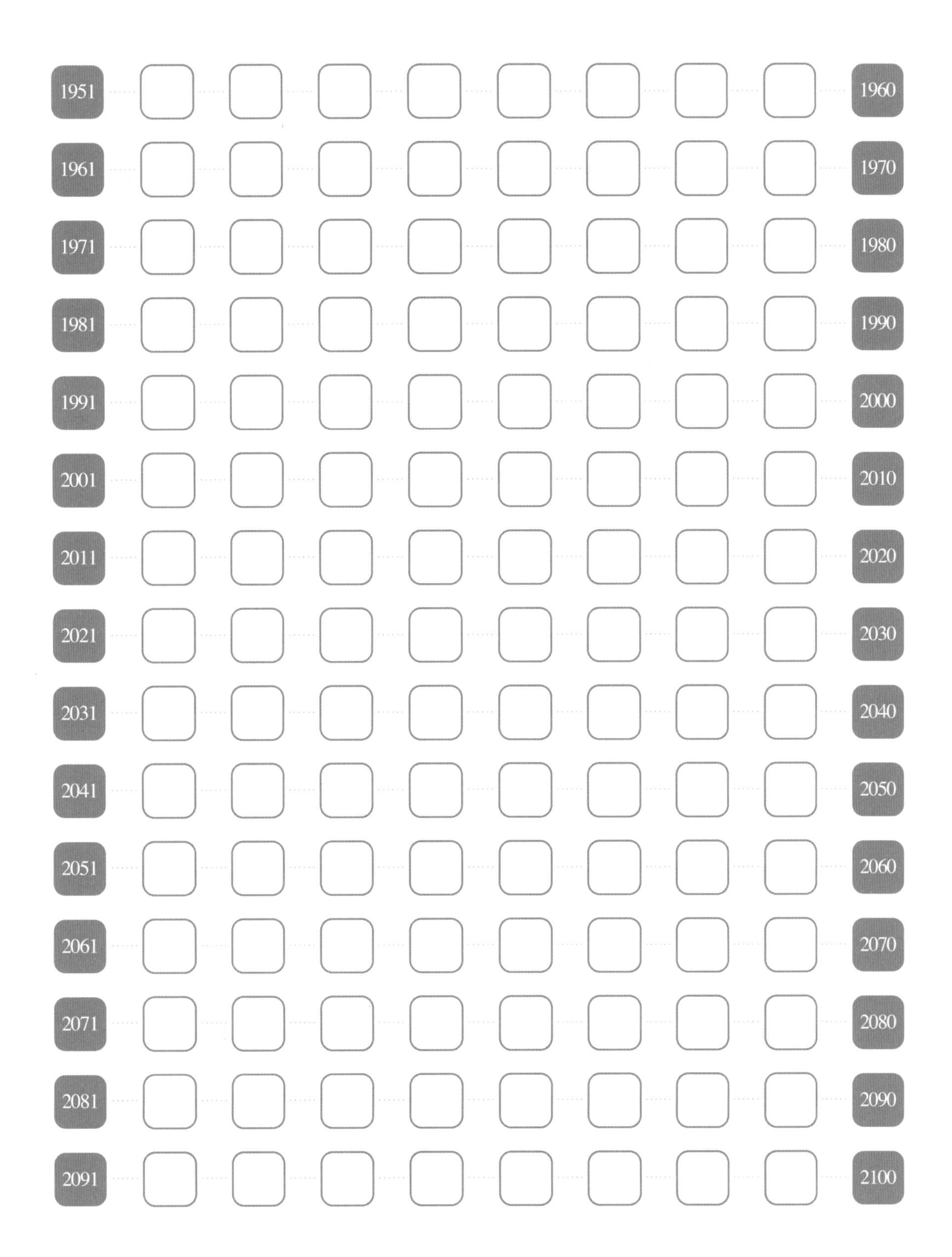
1951
1960
1961
1970
1971
1980
1981
1990
1991
2000
2001
2010
2011
2020
2021
2030
2031
2040
2041
2050
2051
2060
2061
2070
2071
2080
2081
2090
2091
2100

2101									2110
2111									2120
2121									2130
2131									2140
2141									2150
2151									2160
2161									2170
2171									2180
2181									2190
2191									2200
2201									2210
2211									2220
2221									2230
2231									2240
2241									2250

2251									2260
2261									2270
2271									2280
2281									2290
2291									2300
2301									2310
2311									2320
2321									2330
2331									2340
2341									2350
2351									2360
2361									2370
2371									2380
2381									2390
2391									2400

2401									2410
2411									2420
2421									2430
2431									2440
2441									2450
2451									2460
2461									2470
2471									2480
2481									2490
2491									2500
2501									2510
2511									2520
2521									2530
2531									2540
2541									2550

2551									2560
2561									2570
2571									2580
2581									2590
2591									2600
2601									2610
2611									2620
2621									2630
2631									2640
2641									2650
2651									2660
2661									2670
2671									2680
2681									2690
2691									2700

2701									2710
2711									2720
2721									2730
2731									2740
2741									2750
2751									2760
2761									2770
2771									2780
2781									2790
2791									2800
2801									2810
2811									2820
2821									2830
2831									2840
2841									2850

2851									2860
2861									2870
2871									2880
2881									2890
2891									2900
2901									2910
2911									2920
2921									2930
2931									2940
2941									2950
2951									2960
2961									2970
2971									2980
2981									2990
2991									3000

3001									3010
3011									3020
3021									3030
3031									3040
3041									3050
3051									3060
3061									3070
3071									3080
3081									3090
3091									3100
3101									3110
3111									3120
3121									3130
3131									3140
3141									3150

3151									3160
3161									3170
3171									3180
3181									3190
3191									3200
3201									3210
3211									3220
3221									3230
3231									3240
3241									3250
3251									3260
3261									3270
3271									3280
3281									3290
3291									3300

3301									3310
3311									3320
3321									3330
3331									3340
3341									3350
3351									3360
3361									3370
3371									3380
3381									3390
3391									3400
3401									3410
3411									3420
3421									3430
3431									3440
3441									3450

3451									3460
3461									3470
3471									3480
3481									3490
3491									3500
3501									3510
3511									3520
3521									3530
3531									3540
3541									3550
3551									3560
3561									3570
3571									3580
3581									3590
3591									3600

3601									3610
3611									3620
3621									3630
3631									3640
3641									3650
3651									3660
3661									3670
3671									3680
3681									3690
3691									3700
3701									3710
3711									3720
3721									3730
3731									3740
3741									3750

3751									3760
3761									3770
3771									3780
3781									3790
3791									3800
3801									3810
3811									3820
3821									3830
3831									3840
3841									3850
3851									3860
3861									3870
3871									3880
3881									3890
3891									3900

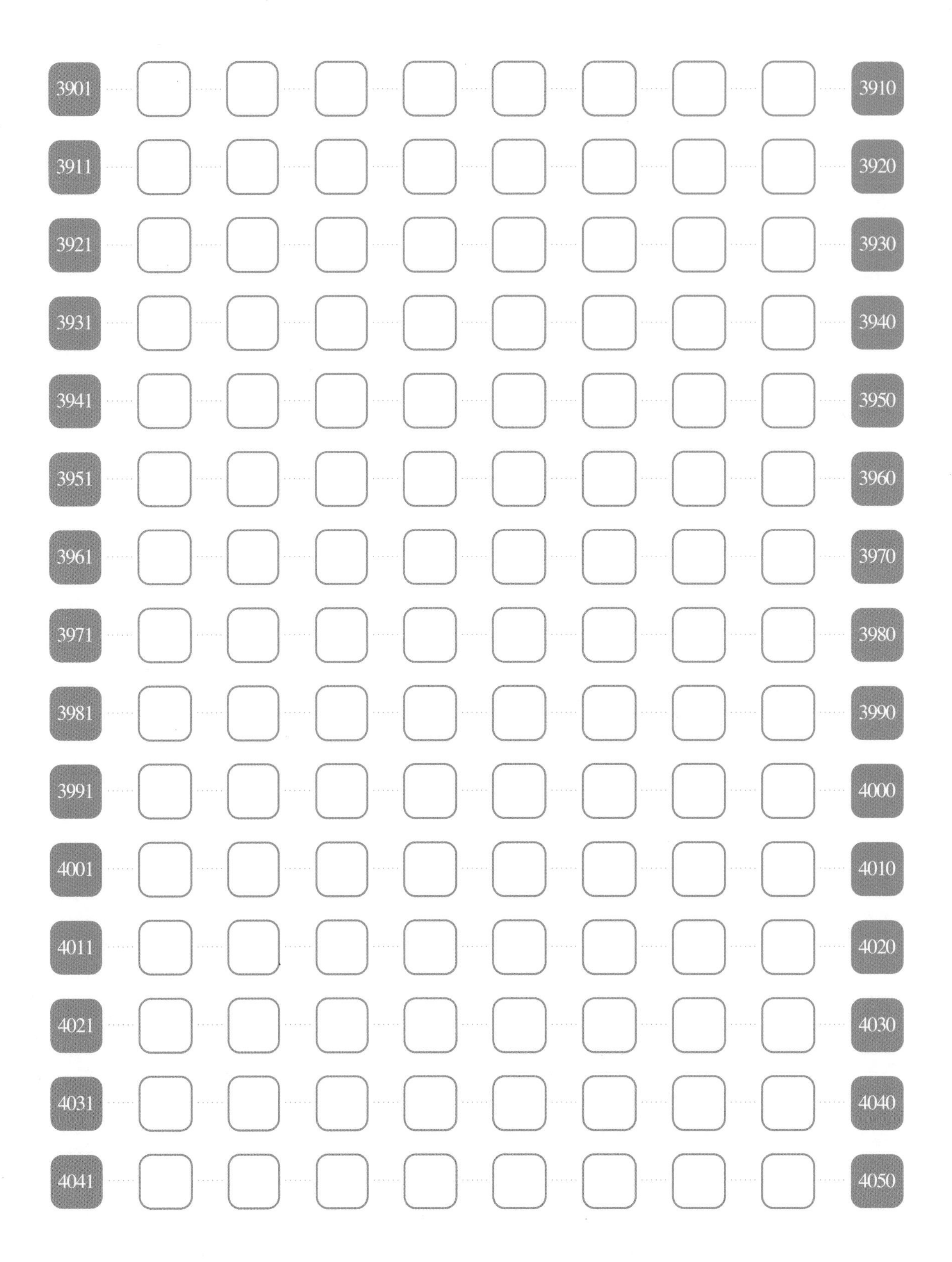
3901
3910
3911
3920
3921
3930
3931
3940
3941
3950
3951
3960
3961
3970
3971
3980
3981
3990
3991
4000
4001
4010
4011
4020
4021
4030
4031
4040
4041
4050

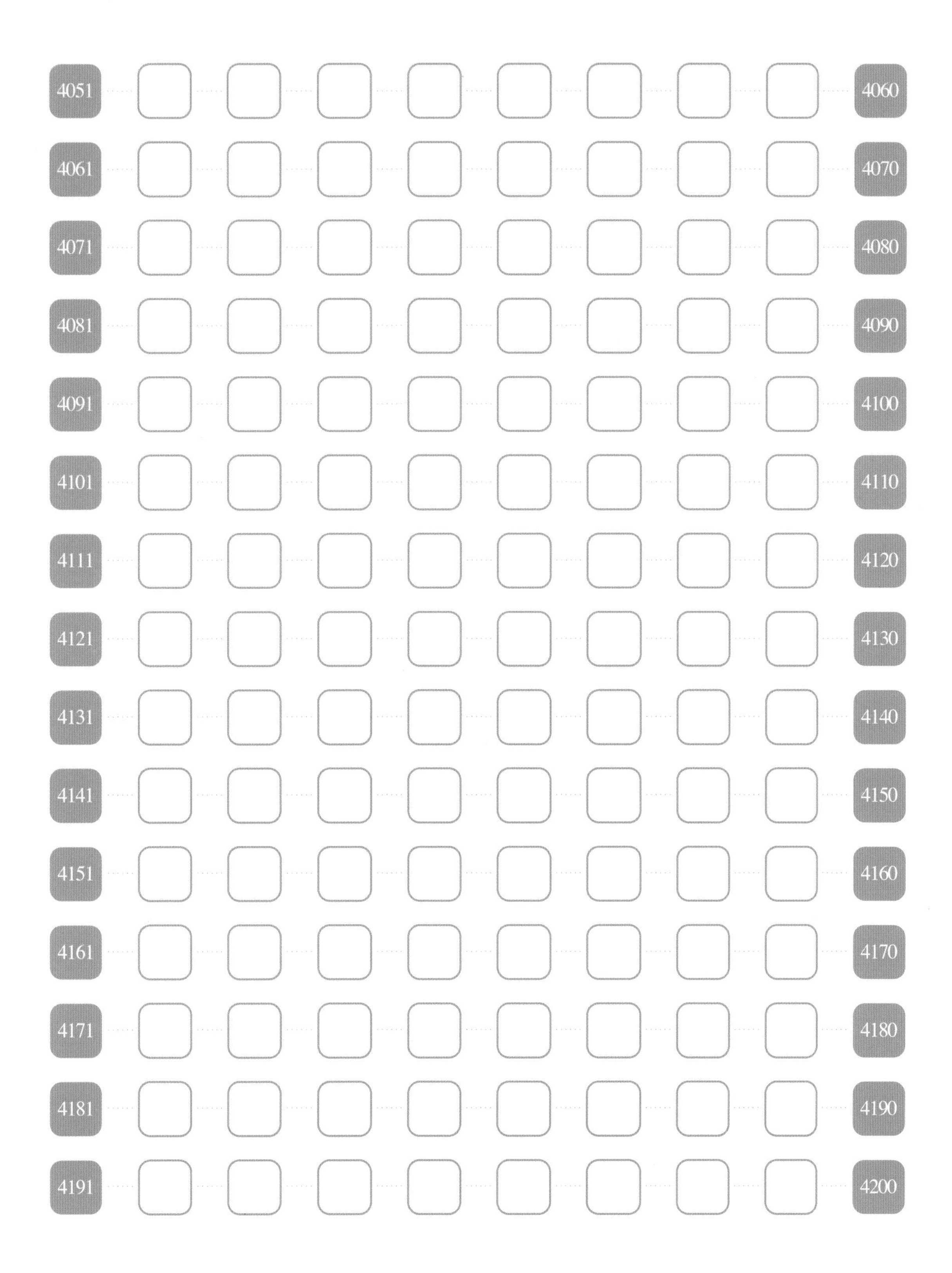
4051
4060
4061
4070
4071
4080
4081
4090
4091
4100
4101
4110
4111
4120
4121
4130
4131
4140
4141
4150
4151
4160
4161
4170
4171
4180
4181
4190
4191
4200

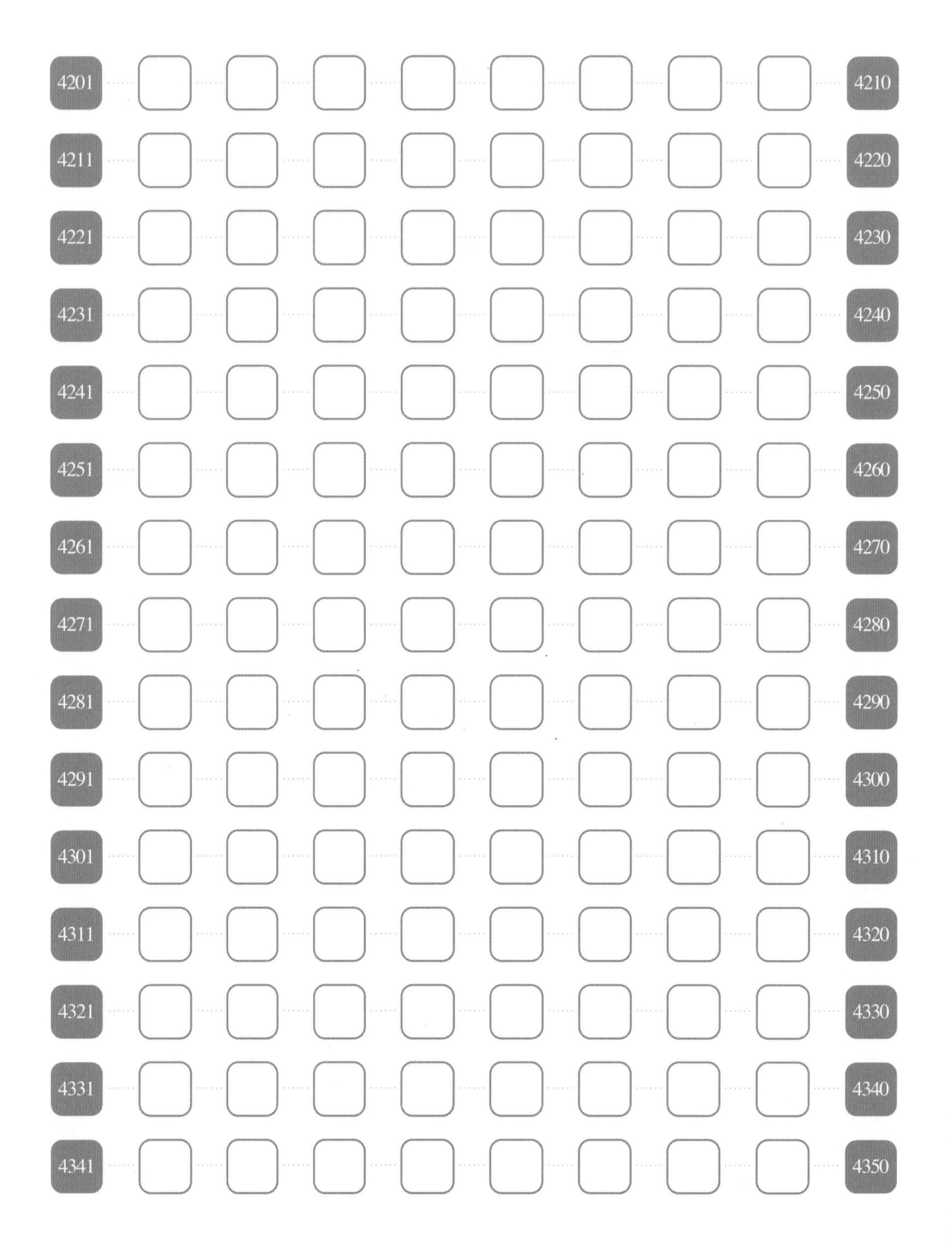
4201
4210
4211
4220
4221
4230
4231
4240
4241
4250
4251
4260
4261
4270
4271
4280
4281
4290
4291
4300
4301
4310
4311
4320
4321
4330
4331
4340
4341
4350

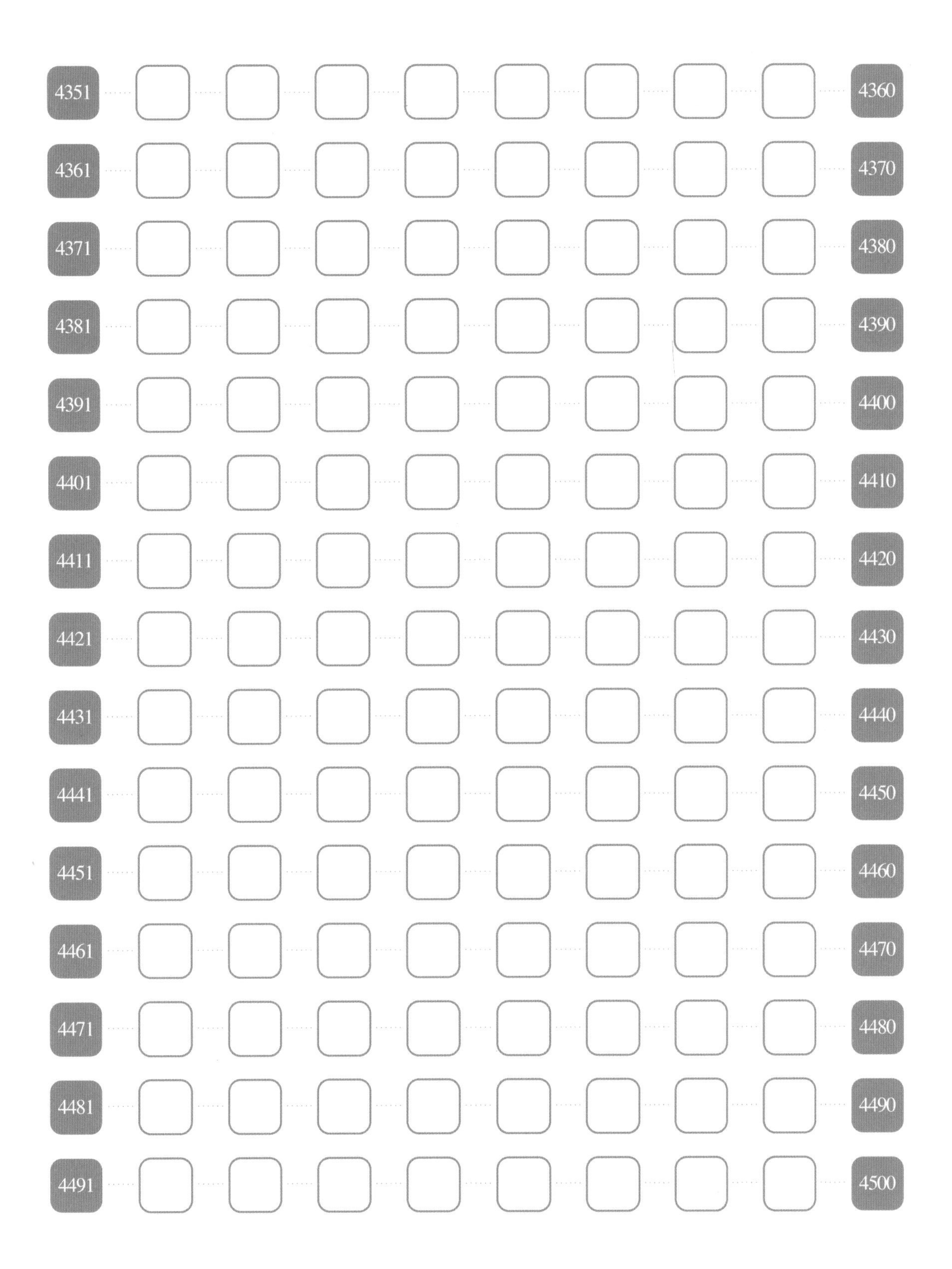
4351
4360
4361
4370
4371
4380
4381
4390
4391
4400
4401
4410
4411
4420
4421
4430
4431
4440
4441
4450
4451
4460
4461
4470
4471
4480
4481
4490
4491
4500

4501									4510
4511									4520
4521									4530
4531									4540
4541									4550
4551									4560
4561									4570
4571									4580
4581									4590
4591									4600
4601									4610
4611									4620
4621									4630
4631									4640
4641									4650

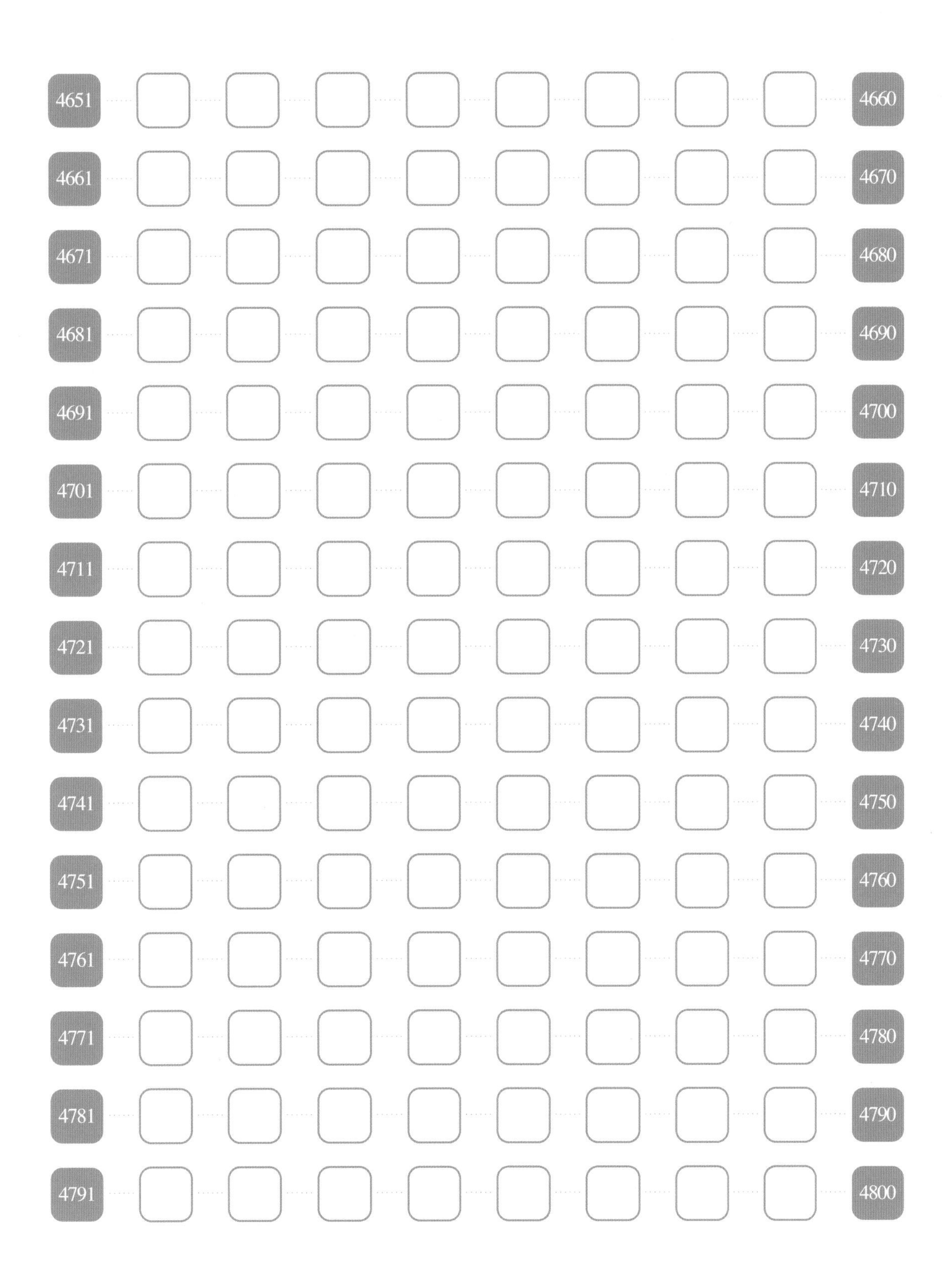
4651
4660
4661
4670
4671
4680
4681
4690
4691
4700
4701
4710
4711
4720
4721
4730
4731
4740
4741
4750
4751
4760
4761
4770
4771
4780
4781
4790
4791
4800

4801									4810
4811									4820
4821									4830
4831									4840
4841									4850
4851									4860
4861									4870
4871									4880
4881									4890
4891									4900
4901									4910
4911									4920
4921									4930
4931									4940
4941									4950

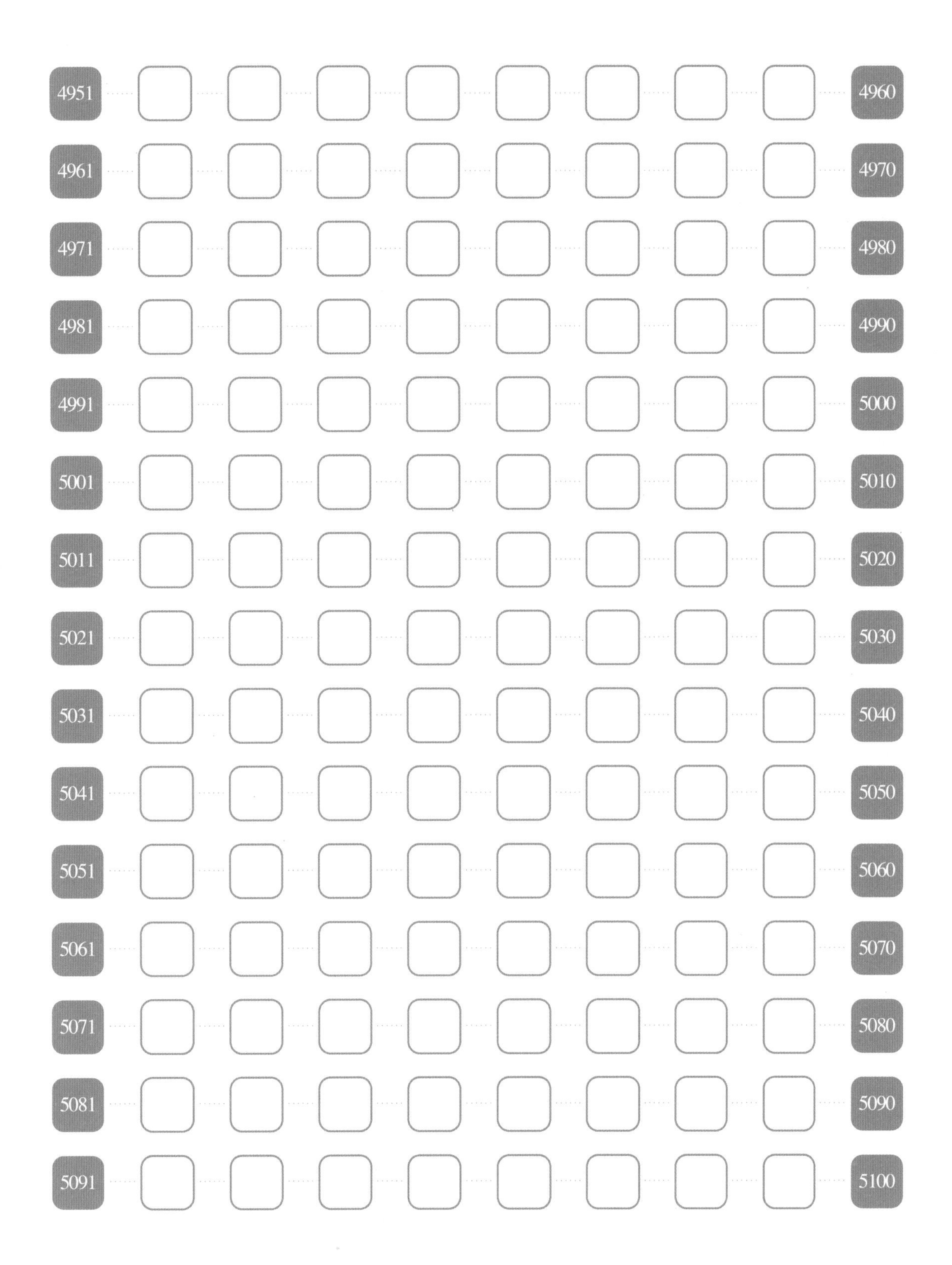
4951
4960
4961
4970
4971
4980
4981
4990
4991
5000
5001
5010
5011
5020
5021
5030
5031
5040
5041
5050
5051
5060
5061
5070
5071
5080
5081
5090
5091
5100

5101									5110
5111									5120
5121									5130
5131									5140
5141									5150
5151									5160
5161									5170
5171									5180
5181									5190
5191									5200
5201									5210
5211									5220
5221									5230
5231									5240
5241									5250

5251									5260
5261									5270
5271									5280
5281									5290
5291									5300
5301									5310
5311									5320
5321									5330
5331									5340
5341									5350
5351									5360
5361									5370
5371									5380
5381									5390
5391									5400

5401									5410
5411									5420
5421									5430
5431									5440
5441									5450
5451									5460
5461									5470
5471									5480
5481									5490
5491									5500
5501									5510
5511									5520
5521									5530
5531									5540
5541									5550

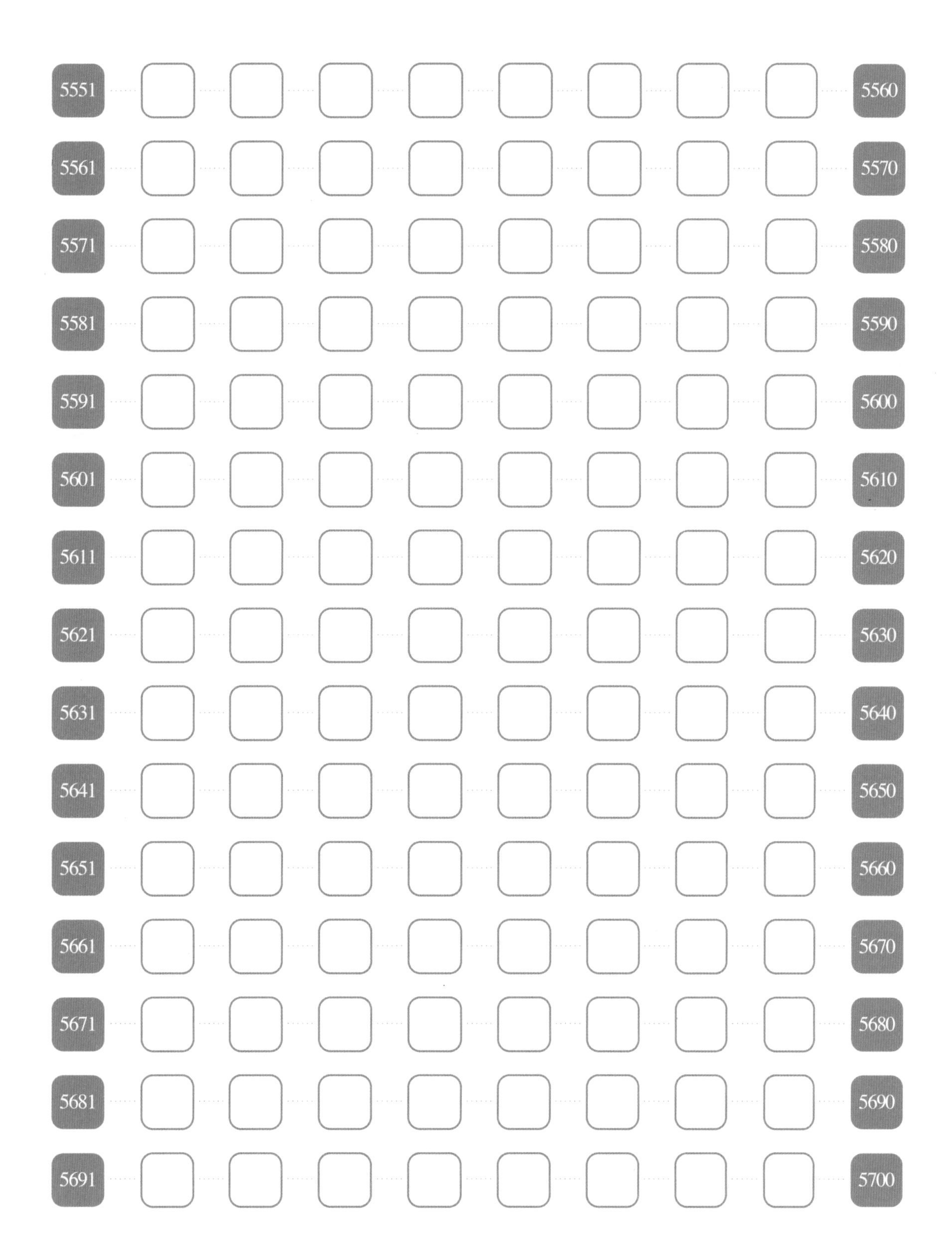

5551
5560
5561
5570
5571
5580
5581
5590
5591
5600
5601
5610
5611
5620
5621
5630
5631
5640
5641
5650
5651
5660
5661
5670
5671
5680
5681
5690
5691
5700

5701									5710
5711									5720
5721									5730
5731									5740
5741									5750
5751									5760
5761									5770
5771									5780
5781									5790
5791									5800
5801									5810
5811									5820
5821									5830
5831									5840
5841									5850

5851									5860
5861									5870
5871									5880
5881									5890
5891									5900
5901									5910
5911									5920
5921									5930
5931									5940
5941									5950
5951									5960
5961									5970
5971									5980
5981									5990
5991									6000

*걸린 시간을 꼭 기록하세요.

우뇌 형상 인지 훈련 실행 기록표

번호	보기	소요 시간	집중도	일시
1	3칸	37분 48초	○	6/13
2	5칸	40분 19초	△	6/13
3				
4				
5				
6				
7				
8				
9				
10				
11				
12				
13				
14				
15				
16				
17				
18				
19				
20				
21				
22				
23				
24				
25				
26				
27				
28				
29				
30				
31				
32				
33				
34				
35				
36				
37				
38				
39				
40				

번호	보기	소요 시간	집중도	일시
41				
42				
43				
44				
45				
46				
47				
48				
49				
50				
51				
52				
53				
54				
55				
56				
57				
58				
59				
60				
61				
62				
63				
64				
65				
66				
67				
68				
69				
70				
71				
72				
73				
74				
75				
76				
77				
78				
79				
80				

좌뇌 문자 인식 훈련에 대하여

좌뇌 문자 인식 훈련은 이성적으로 무슨 글자인지를 파악하여 아는 훈련입니다. 책의 글자를 일일이 확인하여 보아야 하기 때문에 앞서의 우뇌 형상 인지 훈련보다 어려운 과정입니다. 이것을 쉽게 접근하기 위하여 한 줄에 같은 문자들로 구성했습니다. 그래서 문자 보기가 어렵지만은 않을 것입니다.

좌뇌 문자 인식 훈련의 기본 목표는 한 줄 보기입니다. 대체로 좌뇌 문자 인식 훈련을 한 줄 볼 때면, 우뇌 형상 인지 훈련에서는 세 줄에서 다섯 줄 정도가 보입니다. 이때부터 '글자 보기' 훈련을 시작해도 됩니다.

좌뇌 문자 인식 훈련의 한 줄 길이는 우뇌 형상 인지 훈련의 한 줄 길이보다 깁니다.

속독을 쉽게 하려면 시폭 확대 훈련을 중도에 포기하여 한 줄 보기를 하지 않고 두세 단어 끊어 보기를 합니다. 이럴 경우에도 집중력 및 사고 능력이 자기 능력의 5배 이상 향상된다는 연구 결과가 있습니다.

예를 들면

상어들은 / 고래 대왕의 / 명령서를 만들기 위해 / 재판소로 헤엄쳐 갔다.와 같이 한두 단어, 또는 두세 단어를 끊어서 보는 것입니다. 보통 사람이 평균 1분에 300자 정도를 읽습니다. 이 방법으로 하면 보통의 1분간 글자 읽는 양이 4~5배 이상 많아지기 때문에 속독의 기미가 보이기는 하지만 보통의 수준보다 100배에서 200배 이상의 속독을 익히는 스타킹 속독법(MPR 심상 학습 속독법)에서는 1분에 10,000자~20,000자를 읽는 것을 기본 목표로 하기 때문에 이 방법은 그다지 사용하지 않습니다. 다만 이런 원리를 확장

하여 한 번에 1쪽을 보는 수준으로 훈련하여 속독을 완성합니다.

따라서 앞의 방법은 그리 좋은 방법이 아닙니다. 이보다 더 좋은 방법은 조금 시간이 걸리더라도 먼저 한 줄 보기를 완성하는 것입니다. 그렇게 하고 나서 세 줄 보기, 다섯 줄 보기, 일곱 줄 보기 등으로 확대하며 한 페이지를 볼 수 있을 때까지 연습합니다.

금눈돔은 이렇게 말하고 도망치듯이 헤엄쳐 갔으나, 집으로 돌아가지는 않고 싸움 상대인 붕어가 있는 연못으로 간 모양이었다.

아까 중간에서 그만둔 싸움을 계속할 모양인데, 바다 밑의 이야기는 이쯤 해 두고, 이야기를 이반 쪽으로 다시 옮기도록 하자. 해는 바다로 막 빠져 들어가려 하고, 하늘에는 저녁놀이 빨갛게 불타고 있었다. 바람도 없고, 바다는 파도조차 일지 않아 그저 조용하기만 했다.

이반은 모래펄에 앉아 바다 쪽을 바라보면서 고래를 기다렸으나 좀처럼 나타나지 않자 투덜투덜 불평을 늘어놓고 있었다. 약속한 새벽녘은 이미 지난 지 오래고, 벌써 저녁때가 되고 말았다. 곱사등이 망아지는 이반의 발 앞에 드러누워 잠자고 있다. 해는 드디어 바다 저쪽에 잠기고, 그 위쪽 하늘에는 불타는 듯한 저녁놀이 하늘 가득히 펼쳐졌다.

이렇게 연습하다 보면 1쪽을 한 번에 볼 수 있는 능력이 생깁니다. 그리고 이해 능력과 사고 능력이 저절로 향상되어 내용을 다 이해하면서 정독한 것 이상으로 파악할 수 있게 됩니다. 신기한 일이 아닐 수 없습니다. 이것은 인간이 가지고 있는 환경 적응 능력의 한 과정으로 설명할 수 있습니다. 저는 대뇌 생리학자들이 주장하고 있는 우뇌의 유전적 정보가 능력을 발휘함으로써 이루어지는 현상으로 이해하고 있습니다. 어쨌든 이와 같이 하다 보면 여러분의 속독 능력은 이루 말할 수 없이 발달할 것임을 믿어 의심치 않기에 열심히 수련하여 목표를 완성하기를 바라는 마음입니다.

★ 오직 꾸준한 연습만이 성공을 가져다줍니다. 열심히 연습해 보세요. 좌뇌 문자 인식 훈련은 우뇌 형상 인지 훈련을 10회 이상 실시한 후에 시작하도록 합니다.

좌뇌 문자 인식 훈련 실행 기록표

번호	보기	소요 시간	집중도	일시
1	1줄	58분 28초	○	6/13
2	2줄	49분 30초	△	6/13
3				
4				
5				
6				
7				
8				
9				
10				
11				
12				
13				
14				
15				
16				
17				
18				
19				
20				
21				
22				
23				
24				
25				
26				
27				
28				
29				
30				
31				
32				
33				
34				
35				
36				
37				
38				
39				
40				
41				
42				
43				
44				
45				
46				
47				
48				
49				
50				
51				
52				
53				
54				
55				
56				
57				
58				
59				
60				
61				
62				
63				
64				
65				
66				
67				
68				
69				
70				
71				
72				
73				
74				
75				
76				
77				
78				
79				
80				

갔 갔

낡 낡

닿 닿

랄 랄

맑 맑

밟 밟

삶 삶

앉 앉

잤 잤

찼 찼

캅 캅

탔 탔

팠 팠

핥 핥

갔 갔

낡 낡

닿 닿

랄 랄

맑 맑

밟 밟

삶 삶

앉 앉

잤 잤

찼 찼

캅 캅

탔 탔

팠 팠

핥 핥

갔 갔

낡 낡

닿 닿
랄 랄
맑 맑
밟 밟
삶 삶
앉 앉
잤 잤
찼 찼
캅 캅
탔 탔
팠 팠
핥 핥
갔 갔
낡 낡
닿 닿
랄 랄
맑 맑
밟 밟
삶 삶
앉 앉
잤 잤
찼 찼
캅 캅
탔 탔
팠 팠
핥 핥
갔 갔
낡 낡
닿 닿
랄 랄

맑 맑

밟 밟

삶 삶

앉 앉

잤 잤

찼 찼

캅 캅

탔 탔

팠 팠

핥 핥

갔 갔

낡 낡

닿 닿

랄 랄

맑 맑

밟 밟

삶 삶

앉 앉

잤 잤

찼 찼

캅 캅

탔 탔

팠 팠

핥 핥

갔 갔

낡 낡

닿 닿

랄 랄

맑 맑

밟 밟

삶 삶
앉 앉
잤 잤
찼 찼
캅 캅
탔 탔
팠 팠
핥 핥
갔 갔
낡 낡
닳 닳
랄 랄
맑 맑
밟 밟
삶 삶
앉 앉
잤 잤
찼 찼
캅 캅
탔 탔
팠 팠
핥 핥
갔 갔
낡 낡
닳 닳
랄 랄
맑 맑
밟 밟
삶 삶
앉 앉

1 1 1 1 1 1 1 1 1 1 1 1 1 1 1 1 1 1 1 1 1 1 1
2 2 2 2 2 2 2 2 2 2 2 2 2 2 2 2 2 2 2 2 2 2 2
3 3 3 3 3 3 3 3 3 3 3 3 3 3 3 3 3 3 3 3 3 3 3
4 4 4 4 4 4 4 4 4 4 4 4 4 4 4 4 4 4 4 4 4 4 4
5 5 5 5 5 5 5 5 5 5 5 5 5 5 5 5 5 5 5 5 5 5 5
6 6 6 6 6 6 6 6 6 6 6 6 6 6 6 6 6 6 6 6 6 6 6
7 7 7 7 7 7 7 7 7 7 7 7 7 7 7 7 7 7 7 7 7 7 7
8 8 8 8 8 8 8 8 8 8 8 8 8 8 8 8 8 8 8 8 8 8 8
9 9 9 9 9 9 9 9 9 9 9 9 9 9 9 9 9 9 9 9 9 9 9
0 0 0 0 0 0 0 0 0 0 0 0 0 0 0 0 0 0 0 0 0 0 0
1 1 1 1 1 1 1 1 1 1 1 1 1 1 1 1 1 1 1 1 1 1 1
2 2 2 2 2 2 2 2 2 2 2 2 2 2 2 2 2 2 2 2 2 2 2
3 3 3 3 3 3 3 3 3 3 3 3 3 3 3 3 3 3 3 3 3 3 3
4 4 4 4 4 4 4 4 4 4 4 4 4 4 4 4 4 4 4 4 4 4 4
5 5 5 5 5 5 5 5 5 5 5 5 5 5 5 5 5 5 5 5 5 5 5
6 6 6 6 6 6 6 6 6 6 6 6 6 6 6 6 6 6 6 6 6 6 6
7 7 7 7 7 7 7 7 7 7 7 7 7 7 7 7 7 7 7 7 7 7 7
8 8 8 8 8 8 8 8 8 8 8 8 8 8 8 8 8 8 8 8 8 8 8
9 9 9 9 9 9 9 9 9 9 9 9 9 9 9 9 9 9 9 9 9 9 9
0 0 0 0 0 0 0 0 0 0 0 0 0 0 0 0 0 0 0 0 0 0 0
1 1 1 1 1 1 1 1 1 1 1 1 1 1 1 1 1 1 1 1 1 1 1
2 2 2 2 2 2 2 2 2 2 2 2 2 2 2 2 2 2 2 2 2 2 2
3 3 3 3 3 3 3 3 3 3 3 3 3 3 3 3 3 3 3 3 3 3 3
4 4 4 4 4 4 4 4 4 4 4 4 4 4 4 4 4 4 4 4 4 4 4
5 5 5 5 5 5 5 5 5 5 5 5 5 5 5 5 5 5 5 5 5 5 5
6 6 6 6 6 6 6 6 6 6 6 6 6 6 6 6 6 6 6 6 6 6 6
7 7 7 7 7 7 7 7 7 7 7 7 7 7 7 7 7 7 7 7 7 7 7
8 8 8 8 8 8 8 8 8 8 8 8 8 8 8 8 8 8 8 8 8 8 8
9 9 9 9 9 9 9 9 9 9 9 9 9 9 9 9 9 9 9 9 9 9 9
0 0 0 0 0 0 0 0 0 0 0 0 0 0 0 0 0 0 0 0 0 0 0

1 1 1 1 1 1 1 1 1 1 1 1 1 1 1 1 1 1 1 1 1 1 1
2 2 2 2 2 2 2 2 2 2 2 2 2 2 2 2 2 2 2 2 2 2 2
3 3 3 3 3 3 3 3 3 3 3 3 3 3 3 3 3 3 3 3 3 3 3
4 4 4 4 4 4 4 4 4 4 4 4 4 4 4 4 4 4 4 4 4 4 4
5 5 5 5 5 5 5 5 5 5 5 5 5 5 5 5 5 5 5 5 5 5 5
6 6 6 6 6 6 6 6 6 6 6 6 6 6 6 6 6 6 6 6 6 6 6
7 7 7 7 7 7 7 7 7 7 7 7 7 7 7 7 7 7 7 7 7 7 7
8 8 8 8 8 8 8 8 8 8 8 8 8 8 8 8 8 8 8 8 8 8 8
9 9 9 9 9 9 9 9 9 9 9 9 9 9 9 9 9 9 9 9 9 9 9
0 0 0 0 0 0 0 0 0 0 0 0 0 0 0 0 0 0 0 0 0 0 0
1 1 1 1 1 1 1 1 1 1 1 1 1 1 1 1 1 1 1 1 1 1 1
2 2 2 2 2 2 2 2 2 2 2 2 2 2 2 2 2 2 2 2 2 2 2
3 3 3 3 3 3 3 3 3 3 3 3 3 3 3 3 3 3 3 3 3 3 3
4 4 4 4 4 4 4 4 4 4 4 4 4 4 4 4 4 4 4 4 4 4 4
5 5 5 5 5 5 5 5 5 5 5 5 5 5 5 5 5 5 5 5 5 5 5
6 6 6 6 6 6 6 6 6 6 6 6 6 6 6 6 6 6 6 6 6 6 6
7 7 7 7 7 7 7 7 7 7 7 7 7 7 7 7 7 7 7 7 7 7 7
8 8 8 8 8 8 8 8 8 8 8 8 8 8 8 8 8 8 8 8 8 8 8
9 9 9 9 9 9 9 9 9 9 9 9 9 9 9 9 9 9 9 9 9 9 9
0 0 0 0 0 0 0 0 0 0 0 0 0 0 0 0 0 0 0 0 0 0 0
1 1 1 1 1 1 1 1 1 1 1 1 1 1 1 1 1 1 1 1 1 1 1
2 2 2 2 2 2 2 2 2 2 2 2 2 2 2 2 2 2 2 2 2 2 2
3 3 3 3 3 3 3 3 3 3 3 3 3 3 3 3 3 3 3 3 3 3 3
4 4 4 4 4 4 4 4 4 4 4 4 4 4 4 4 4 4 4 4 4 4 4
5 5 5 5 5 5 5 5 5 5 5 5 5 5 5 5 5 5 5 5 5 5 5
6 6 6 6 6 6 6 6 6 6 6 6 6 6 6 6 6 6 6 6 6 6 6
7 7 7 7 7 7 7 7 7 7 7 7 7 7 7 7 7 7 7 7 7 7 7
8 8 8 8 8 8 8 8 8 8 8 8 8 8 8 8 8 8 8 8 8 8 8
9 9 9 9 9 9 9 9 9 9 9 9 9 9 9 9 9 9 9 9 9 9 9
0 0 0 0 0 0 0 0 0 0 0 0 0 0 0 0 0 0 0 0 0 0 0

1 1 1 1 1 1 1 1 1 1 1 1 1 1 1 1 1 1 1 1 1 1 1

2 2 2 2 2 2 2 2 2 2 2 2 2 2 2 2 2 2 2 2 2 2 2

3 3 3 3 3 3 3 3 3 3 3 3 3 3 3 3 3 3 3 3 3 3 3

4 4 4 4 4 4 4 4 4 4 4 4 4 4 4 4 4 4 4 4 4 4 4

5 5 5 5 5 5 5 5 5 5 5 5 5 5 5 5 5 5 5 5 5 5 5

6 6 6 6 6 6 6 6 6 6 6 6 6 6 6 6 6 6 6 6 6 6 6

7 7 7 7 7 7 7 7 7 7 7 7 7 7 7 7 7 7 7 7 7 7 7

8 8 8 8 8 8 8 8 8 8 8 8 8 8 8 8 8 8 8 8 8 8 8

9 9 9 9 9 9 9 9 9 9 9 9 9 9 9 9 9 9 9 9 9 9 9

0 0 0 0 0 0 0 0 0 0 0 0 0 0 0 0 0 0 0 0 0 0 0

1 1 1 1 1 1 1 1 1 1 1 1 1 1 1 1 1 1 1 1 1 1 1

2 2 2 2 2 2 2 2 2 2 2 2 2 2 2 2 2 2 2 2 2 2 2

3 3 3 3 3 3 3 3 3 3 3 3 3 3 3 3 3 3 3 3 3 3 3

4 4 4 4 4 4 4 4 4 4 4 4 4 4 4 4 4 4 4 4 4 4 4

5 5 5 5 5 5 5 5 5 5 5 5 5 5 5 5 5 5 5 5 5 5 5

6 6 6 6 6 6 6 6 6 6 6 6 6 6 6 6 6 6 6 6 6 6 6

7 7 7 7 7 7 7 7 7 7 7 7 7 7 7 7 7 7 7 7 7 7 7

8 8 8 8 8 8 8 8 8 8 8 8 8 8 8 8 8 8 8 8 8 8 8

9 9 9 9 9 9 9 9 9 9 9 9 9 9 9 9 9 9 9 9 9 9 9

0 0 0 0 0 0 0 0 0 0 0 0 0 0 0 0 0 0 0 0 0 0 0

1 1 1 1 1 1 1 1 1 1 1 1 1 1 1 1 1 1 1 1 1 1 1

2 2 2 2 2 2 2 2 2 2 2 2 2 2 2 2 2 2 2 2 2 2 2

3 3 3 3 3 3 3 3 3 3 3 3 3 3 3 3 3 3 3 3 3 3 3

4 4 4 4 4 4 4 4 4 4 4 4 4 4 4 4 4 4 4 4 4 4 4

5 5 5 5 5 5 5 5 5 5 5 5 5 5 5 5 5 5 5 5 5 5 5

6 6 6 6 6 6 6 6 6 6 6 6 6 6 6 6 6 6 6 6 6 6 6

7 7 7 7 7 7 7 7 7 7 7 7 7 7 7 7 7 7 7 7 7 7 7

8 8 8 8 8 8 8 8 8 8 8 8 8 8 8 8 8 8 8 8 8 8 8

9 9 9 9 9 9 9 9 9 9 9 9 9 9 9 9 9 9 9 9 9 9 9

0 0 0 0 0 0 0 0 0 0 0 0 0 0 0 0 0 0 0 0 0 0 0

1 1 1 1 1 1 1 1 1 1 1 1 1 1 1 1 1 1 1 1 1 1 1
2 2 2 2 2 2 2 2 2 2 2 2 2 2 2 2 2 2 2 2 2 2 2
3 3 3 3 3 3 3 3 3 3 3 3 3 3 3 3 3 3 3 3 3 3 3
4 4 4 4 4 4 4 4 4 4 4 4 4 4 4 4 4 4 4 4 4 4 4
5 5 5 5 5 5 5 5 5 5 5 5 5 5 5 5 5 5 5 5 5 5 5
6 6 6 6 6 6 6 6 6 6 6 6 6 6 6 6 6 6 6 6 6 6 6
7 7 7 7 7 7 7 7 7 7 7 7 7 7 7 7 7 7 7 7 7 7 7
8 8 8 8 8 8 8 8 8 8 8 8 8 8 8 8 8 8 8 8 8 8 8
9 9 9 9 9 9 9 9 9 9 9 9 9 9 9 9 9 9 9 9 9 9 9
0 0 0 0 0 0 0 0 0 0 0 0 0 0 0 0 0 0 0 0 0 0 0
1 1 1 1 1 1 1 1 1 1 1 1 1 1 1 1 1 1 1 1 1 1 1
2 2 2 2 2 2 2 2 2 2 2 2 2 2 2 2 2 2 2 2 2 2 2
3 3 3 3 3 3 3 3 3 3 3 3 3 3 3 3 3 3 3 3 3 3 3
4 4 4 4 4 4 4 4 4 4 4 4 4 4 4 4 4 4 4 4 4 4 4
5 5 5 5 5 5 5 5 5 5 5 5 5 5 5 5 5 5 5 5 5 5 5
6 6 6 6 6 6 6 6 6 6 6 6 6 6 6 6 6 6 6 6 6 6 6
7 7 7 7 7 7 7 7 7 7 7 7 7 7 7 7 7 7 7 7 7 7 7
8 8 8 8 8 8 8 8 8 8 8 8 8 8 8 8 8 8 8 8 8 8 8
9 9 9 9 9 9 9 9 9 9 9 9 9 9 9 9 9 9 9 9 9 9 9
0 0 0 0 0 0 0 0 0 0 0 0 0 0 0 0 0 0 0 0 0 0 0
1 1 1 1 1 1 1 1 1 1 1 1 1 1 1 1 1 1 1 1 1 1 1
2 2 2 2 2 2 2 2 2 2 2 2 2 2 2 2 2 2 2 2 2 2 2
3 3 3 3 3 3 3 3 3 3 3 3 3 3 3 3 3 3 3 3 3 3 3
4 4 4 4 4 4 4 4 4 4 4 4 4 4 4 4 4 4 4 4 4 4 4
5 5 5 5 5 5 5 5 5 5 5 5 5 5 5 5 5 5 5 5 5 5 5
6 6 6 6 6 6 6 6 6 6 6 6 6 6 6 6 6 6 6 6 6 6 6
7 7 7 7 7 7 7 7 7 7 7 7 7 7 7 7 7 7 7 7 7 7 7
8 8 8 8 8 8 8 8 8 8 8 8 8 8 8 8 8 8 8 8 8 8 8
9 9 9 9 9 9 9 9 9 9 9 9 9 9 9 9 9 9 9 9 9 9 9
0 0 0 0 0 0 0 0 0 0 0 0 0 0 0 0 0 0 0 0 0 0 0

A A A A A A A A A A A A A A A A A A A A A A A A A

B B B B B B B B B B B B B B B B B B B B B B B B B

C C C C C C C C C C C C C C C C C C C C C C C C C

D D D D D D D D D D D D D D D D D D D D D D D D D

E E E E E E E E E E E E E E E E E E E E E E E E E

F F F F F F F F F F F F F F F F F F F F F F F F F

G G G G G G G G G G G G G G G G G G G G G G G G G

H H H H H H H H H H H H H H H H H H H H H H H H H

I I I I I I I I I I I I I I I I I I I I I I I I I

J J J J J J J J J J J J J J J J J J J J J J J J J

K K K K K K K K K K K K K K K K K K K K K K K K K

L L L L L L L L L L L L L L L L L L L L L L L L L

M M M M M M M M M M M M M M M M M M M M M M M M M

N N N N N N N N N N N N N N N N N N N N N N N N N

O O O O O O O O O O O O O O O O O O O O O O O O O

P P P P P P P P P P P P P P P P P P P P P P P P P

Q Q Q Q Q Q Q Q Q Q Q Q Q Q Q Q Q Q Q Q Q Q Q Q Q

R R R R R R R R R R R R R R R R R R R R R R R R R

S S S S S S S S S S S S S S S S S S S S S S S S S

T T T T T T T T T T T T T T T T T T T T T T T T T

U U U U U U U U U U U U U U U U U U U U U U U U U

V V V V V V V V V V V V V V V V V V V V V V V V V

W W W W W W W W W W W W W W W W W W W W W W W W W

X X X X X X X X X X X X X X X X X X X X X X X X X

Y Y Y Y Y Y Y Y Y Y Y Y Y Y Y Y Y Y Y Y Y Y Y Y Y

Z Z Z Z Z Z Z Z Z Z Z Z Z Z Z Z Z Z Z Z Z Z Z Z Z

A A A A A A A A A A A A A A A A A A A A A A A A A

B B B B B B B B B B B B B B B B B B B B B B B B B

C C C C C C C C C C C C C C C C C C C C C C C C C

D D D D D D D D D D D D D D D D D D D D D D D D D

E E E E E E E E E E E E E E E E E E E E E E E E E

F F F F F F F F F F F F F F F F F F F F F F F F F

G G G G G G G G G G G G G G G G G G G G G G G G G

H H H H H H H H H H H H H H H H H H H H H H H H H

I I I I I I I I I I I I I I I I I I I I I I I I I

J J J J J J J J J J J J J J J J J J J J J J J J J

K K K K K K K K K K K K K K K K K K K K K K K K K

L L L L L L L L L L L L L L L L L L L L L L L L L

M M M M M M M M M M M M M M M M M M M M M M M M M

N N N N N N N N N N N N N N N N N N N N N N N N N

O O O O O O O O O O O O O O O O O O O O O O O O O

P P P P P P P P P P P P P P P P P P P P P P P P P

Q Q Q Q Q Q Q Q Q Q Q Q Q Q Q Q Q Q Q Q Q Q Q Q Q

R R R R R R R R R R R R R R R R R R R R R R R R R

S S S S S S S S S S S S S S S S S S S S S S S S S

T T T T T T T T T T T T T T T T T T T T T T T T T

U U U U U U U U U U U U U U U U U U U U U U U U U

V V V V V V V V V V V V V V V V V V V V V V V V V

W W W W W W W W W W W W W W W W W W W W W W W W W

X X X X X X X X X X X X X X X X X X X X X X X X X

Y Y Y Y Y Y Y Y Y Y Y Y Y Y Y Y Y Y Y Y Y Y Y Y Y

Z Z Z Z Z Z Z Z Z Z Z Z Z Z Z Z Z Z Z Z Z Z Z Z Z

A A A A A A A A A A A A A A A A A A A A A A A A A

B B B B B B B B B B B B B B B B B B B B B B B B B

C C C C C C C C C C C C C C C C C C C C C C C C C

D D D D D D D D D D D D D D D D D D D D D D D D D

E E E E E E E E E E E E E E E E E E E E E E E E E

F F F F F F F F F F F F F F F F F F F F F F F F F

G G G G G G G G G G G G G G G G G G G G G G G G G

H H H H H H H H H H H H H H H H H H H H H H H H H

I I I I I I I I I I I I I I I I I I I I I I I I I

J J J J J J J J J J J J J J J J J J J J J J J J J

K K K K K K K K K K K K K K K K K K K K K K K K K

L L L L L L L L L L L L L L L L L L L L L L L L L

M M M M M M M M M M M M M M M M M M M M M M M M M

N N N N N N N N N N N N N N N N N N N N N N N N N

O O O O O O O O O O O O O O O O O O O O O O O O O

P P P P P P P P P P P P P P P P P P P P P P P P P

Q Q Q Q Q Q Q Q Q Q Q Q Q Q Q Q Q Q Q Q Q Q Q Q Q

R R R R R R R R R R R R R R R R R R R R R R R R R

S S S S S S S S S S S S S S S S S S S S S S S S S

T T T T T T T T T T T T T T T T T T T T T T T T T

U U U U U U U U U U U U U U U U U U U U U U U U U

V V V V V V V V V V V V V V V V V V V V V V V V V

W W W W W W W W W W W W W W W W W W W W W W W W W

X X X X X X X X X X X X X X X X X X X X X X X X X

Y Y Y Y Y Y Y Y Y Y Y Y Y Y Y Y Y Y Y Y Y Y Y Y Y

Z Z Z Z Z Z Z Z Z Z Z Z Z Z Z Z Z Z Z Z Z Z Z Z Z

A A A A A A A A A A A A A A A A A A A A A A A A A

B B B B B B B B B B B B B B B B B B B B B B B B B

C C C C C C C C C C C C C C C C C C C C C C C C C

D D D D D D D D D D D D D D D D D D D D D D D D D

E E E E E E E E E E E E E E E E E E E E E E E E E

F F F F F F F F F F F F F F F F F F F F F F F F F

G G G G G G G G G G G G G G G G G G G G G G G G G

H H H H H H H H H H H H H H H H H H H H H H H H H

I I I I I I I I I I I I I I I I I I I I I I I I I

J J J J J J J J J J J J J J J J J J J J J J J J J
K K K K K K K K K K K K K K K K K K K K K K K K K
L L L L L L L L L L L L L L L L L L L L L L L L L
M M M M M M M M M M M M M M M M M M M M M M M M M
N N N N N N N N N N N N N N N N N N N N N N N N N
O O O O O O O O O O O O O O O O O O O O O O O O O
P P P P P P P P P P P P P P P P P P P P P P P P P
Q Q Q Q Q Q Q Q Q Q Q Q Q Q Q Q Q Q Q Q Q Q Q Q Q
R R R R R R R R R R R R R R R R R R R R R R R R R
S S S S S S S S S S S S S S S S S S S S S S S S S
T T T T T T T T T T T T T T T T T T T T T T T T T
U U U U U U U U U U U U U U U U U U U U U U U U U
V V V V V V V V V V V V V V V V V V V V V V V V V
W W W W W W W W W W W W W W W W W W W W W W W W W
X X X X X X X X X X X X X X X X X X X X X X X X X
Y Y Y Y Y Y Y Y Y Y Y Y Y Y Y Y Y Y Y Y Y Y Y Y Y
Z Z Z Z Z Z Z Z Z Z Z Z Z Z Z Z Z Z Z Z Z Z Z Z Z
A A A A A A A A A A A A A A A A A A A A A A A A A
B B B B B B B B B B B B B B B B B B B B B B B B B
C C C C C C C C C C C C C C C C C C C C C C C C C
D D D D D D D D D D D D D D D D D D D D D D D D D
E E E E E E E E E E E E E E E E E E E E E E E E E
F F F F F F F F F F F F F F F F F F F F F F F F F
G G G G G G G G G G G G G G G G G G G G G G G G G
H H H H H H H H H H H H H H H H H H H H H H H H H
I I I I I I I I I I I I I I I I I I I I I I I I I
J J J J J J J J J J J J J J J J J J J J J J J J J
K K K K K K K K K K K K K K K K K K K K K K K K K
L L L L L L L L L L L L L L L L L L L L L L L L L

a a a a a a a a a a a a a a a a a a a a a a a a a
b b b b b b b b b b b b b b b b b b b b b b b b b
c c c c c c c c c c c c c c c c c c c c c c c c c
d d d d d d d d d d d d d d d d d d d d d d d d d
e e e e e e e e e e e e e e e e e e e e e e e e e
f f f f f f f f f f f f f f f f f f f f f f f f f
g g g g g g g g g g g g g g g g g g g g g g g g g
h h h h h h h h h h h h h h h h h h h h h h h h h
i i i i i i i i i i i i i i i i i i i i i i i i i
j j j j j j j j j j j j j j j j j j j j j j j j j
k k k k k k k k k k k k k k k k k k k k k k k k k
l l l l l l l l l l l l l l l l l l l l l l l l l
m m m m m m m m m m m m m m m m m m m m m m m m m
n n n n n n n n n n n n n n n n n n n n n n n n n
o o o o o o o o o o o o o o o o o o o o o o o o o
p p p p p p p p p p p p p p p p p p p p p p p p p
q q q q q q q q q q q q q q q q q q q q q q q q q
r r r r r r r r r r r r r r r r r r r r r r r r r
s s s s s s s s s s s s s s s s s s s s s s s s s
t t t t t t t t t t t t t t t t t t t t t t t t t
u u u u u u u u u u u u u u u u u u u u u u u u u
v v v v v v v v v v v v v v v v v v v v v v v v v
w w w w w w w w w w w w w w w w w w w w w w w w w
x x x x x x x x x x x x x x x x x x x x x x x x x
y y y y y y y y y y y y y y y y y y y y y y y y y
z z z z z z z z z z z z z z z z z z z z z z z z z
a a a a a a a a a a a a a a a a a a a a a a a a a
b b b b b b b b b b b b b b b b b b b b b b b b b
c c c c c c c c c c c c c c c c c c c c c c c c c
d d d d d d d d d d d d d d d d d d d d d d d d d

e e e e e e e e e e e e e e e e e e e e e e e e e
f f f f f f f f f f f f f f f f f f f f f f f f f
g g g g g g g g g g g g g g g g g g g g g g g g g
h h h h h h h h h h h h h h h h h h h h h h h h h
i i i i i i i i i i i i i i i i i i i i i i i i i
j j j j j j j j j j j j j j j j j j j j j j j j j
k k k k k k k k k k k k k k k k k k k k k k k k k
l l l l l l l l l l l l l l l l l l l l l l l l l
m m m m m m m m m m m m m m m m m m m m m m m m m
n n n n n n n n n n n n n n n n n n n n n n n n n
o o o o o o o o o o o o o o o o o o o o o o o o o
p p p p p p p p p p p p p p p p p p p p p p p p p
q q q q q q q q q q q q q q q q q q q q q q q q q
r r r r r r r r r r r r r r r r r r r r r r r r r
s s s s s s s s s s s s s s s s s s s s s s s s s
t t t t t t t t t t t t t t t t t t t t t t t t t
u u u u u u u u u u u u u u u u u u u u u u u u u
v v v v v v v v v v v v v v v v v v v v v v v v v
w w w w w w w w w w w w w w w w w w w w w w w w w
x x x x x x x x x x x x x x x x x x x x x x x x x
y y y y y y y y y y y y y y y y y y y y y y y y y
z z z z z z z z z z z z z z z z z z z z z z z z z
a a a a a a a a a a a a a a a a a a a a a a a a a
b b b b b b b b b b b b b b b b b b b b b b b b b
c c c c c c c c c c c c c c c c c c c c c c c c c
d d d d d d d d d d d d d d d d d d d d d d d d d
e e e e e e e e e e e e e e e e e e e e e e e e e
f f f f f f f f f f f f f f f f f f f f f f f f f
g g g g g g g g g g g g g g g g g g g g g g g g g
h h h h h h h h h h h h h h h h h h h h h h h h h

i i i i i i i i i i i i i i i i i i i i i i i i i

j j j j j j j j j j j j j j j j j j j j j j j j j

k k k k k k k k k k k k k k k k k k k k k k k k k

l l l l l l l l l l l l l l l l l l l l l l l l l

m m m m m m m m m m m m m m m m m m m m m m m m m

n n n n n n n n n n n n n n n n n n n n n n n n n

o o o o o o o o o o o o o o o o o o o o o o o o o

p p p p p p p p p p p p p p p p p p p p p p p p p

q q q q q q q q q q q q q q q q q q q q q q q q q

r r r r r r r r r r r r r r r r r r r r r r r r r

s s s s s s s s s s s s s s s s s s s s s s s s s

t t t t t t t t t t t t t t t t t t t t t t t t t

u u u u u u u u u u u u u u u u u u u u u u u u u

v v v v v v v v v v v v v v v v v v v v v v v v v

w w w w w w w w w w w w w w w w w w w w w w w w w

x x x x x x x x x x x x x x x x x x x x x x x x x

y y y y y y y y y y y y y y y y y y y y y y y y y

z z z z z z z z z z z z z z z z z z z z z z z z z

a a a a a a a a a a a a a a a a a a a a a a a a a

b b b b b b b b b b b b b b b b b b b b b b b b b

c c c c c c c c c c c c c c c c c c c c c c c c c

d d d d d d d d d d d d d d d d d d d d d d d d d

e e e e e e e e e e e e e e e e e e e e e e e e e

f f f f f f f f f f f f f f f f f f f f f f f f f

g g g g g g g g g g g g g g g g g g g g g g g g g

h h h h h h h h h h h h h h h h h h h h h h h h h

i i i i i i i i i i i i i i i i i i i i i i i i i

j j j j j j j j j j j j j j j j j j j j j j j j j

k k k k k k k k k k k k k k k k k k k k k k k k k

l l l l l l l l l l l l l l l l l l l l l l l l l

m m m m m m m m m m m m m m m m m m m m m m m m m
n n n n n n n n n n n n n n n n n n n n n n n n n
o o o o o o o o o o o o o o o o o o o o o o o o o
p p p p p p p p p p p p p p p p p p p p p p p p p
q q q q q q q q q q q q q q q q q q q q q q q q q
r r r r r r r r r r r r r r r r r r r r r r r r r
s s s s s s s s s s s s s s s s s s s s s s s s s
t t t t t t t t t t t t t t t t t t t t t t t t t
u u u u u u u u u u u u u u u u u u u u u u u u u
v v v v v v v v v v v v v v v v v v v v v v v v v
w w w w w w w w w w w w w w w w w w w w w w w w w
x x x x x x x x x x x x x x x x x x x x x x x x x
y y y y y y y y y y y y y y y y y y y y y y y y y
z z z z z z z z z z z z z z z z z z z z z z z z z
a a a a a a a a a a a a a a a a a a a a a a a a a
b b b b b b b b b b b b b b b b b b b b b b b b b
c c c c c c c c c c c c c c c c c c c c c c c c c
d d d d d d d d d d d d d d d d d d d d d d d d d
e e e e e e e e e e e e e e e e e e e e e e e e e
f f f f f f f f f f f f f f f f f f f f f f f f f
g g g g g g g g g g g g g g g g g g g g g g g g g
h h h h h h h h h h h h h h h h h h h h h h h h h
i i i i i i i i i i i i i i i i i i i i i i i i i
j j j j j j j j j j j j j j j j j j j j j j j j j
k k k k k k k k k k k k k k k k k k k k k k k k k
l l l l l l l l l l l l l l l l l l l l l l l l l
m m m m m m m m m m m m m m m m m m m m m m m m m
n n n n n n n n n n n n n n n n n n n n n n n n n
o o o o o o o o o o o o o o o o o o o o o o o o o
p p p p p p p p p p p p p p p p p p p p p p p p p

도 도

레 레

미 미

파 파

솔 솔

라 라

시 시

도 도

레 레

미 미

파 파

솔 솔

라 라

시 시

도 도

레 레

미 미

파 파

솔 솔

라 라

시 시

도 도

레 레

미 미

파 파

솔 솔

라 라

시 시

도 도

레 레

미 미

파 파

솔 솔

라 라

시 시

도 도

레 레

미 미

파 파

솔 솔

라 라

시 시

도 도

레 레

미 미

파 파

솔 솔

라 라

시 시

도 도

레 레

미 미

파 파

솔 솔

라 라

시 시

도 도

레 레

미 미

파 파

솔 솔
라 라
시 시
도 도
레 레
미 미
파 파
솔 솔
라 라
시 시
도 도
레 레
미 미
파 파
솔 솔
라 라
시 시
도 도
레 레
미 미
파 파
솔 솔
라 라
시 시
도 도
레 레
미 미
파 파
솔 솔
라 라

시 시
도 도
레 레
미 미
파 파
솔 솔
라 라
시 시
도 도
레 레
미 미
파 파
솔 솔
라 라
시 시
도 도
레 레
미 미
파 파
솔 솔
라 라
시 시
도 도
레 레
미 미
파 파
솔 솔
라 라
시 시
도 도

* 걸린 시간을 꼭 기록하세요.

SAT
SAT
SAT

Step
05

글자보기훈련

글자 보기 훈련에 대하여

자, 좌뇌 문자 인식 훈련까지 마쳤으면 이제 '글자 보기 훈련'에 들어갑니다. 글자 보기 훈련은 좌뇌 문자 인식 훈련의 연장이라 보면 됩니다. 실제 책을 보면서 연습을 하는 것이지요.

글자 보기 훈련을 할 때에는 문장의 내용을 이해하려 하면 안 됩니다. 그저 글자만 확인하는 것입니다. 글자가 어떻게 생겼는지 모양만 인식하면 됩니다. 그러다 보면 책의 내용이 이해되는 경우가 옵니다. 그것을 전혀 무시하고 계속 전진하면서 글자 보기를 해야 합니다. 내용에 빠지면 속도가 현격히 떨어집니다. 1분에 30,000자를 볼 수 있을 때까지 연습을 해야 합니다. 글자 수를 알고 싶을 때는 일일이 글자를 세어야 합니다. 다만 편법으로 세는 방법은 다음과 같습니다.

- 먼저 읽을 책을 선택한 후 한 페이지의 글자 수를 다 셉니다. 이때 그림도 없고 글자가 빼곡히 쓰여 있는 페이지를 선택해야 합니다. 또한 띄어쓰기를 비롯해 쉼표, 마침표 등의 문장부 호는 제외하고 오직 글자만 셉니다.
- 그것에 전체 페이지를 곱합니다. 물론 곱하기 전에 그림만 나와 있는 페이지는 뺍니다. 또한 중간 중간에 그림이 섞여 있는 페이지나 표본 페이지보다 글자 수가 부족한 페이지는 적당히 계산하여 빼고 총계를 구합니다.
- 이렇게 계산한 글자 수를 백 단위 아래는 버리고 나머지 글자 수를 그 책의 글자 수로 인정합니다. 예를 들면 총 글자 수가 75,649자라면 75,600자로 인정합니다.

글자 보기 훈련 ❶ - 2,672자

고래 대왕은 꼬리지느러미로 물을 쳐서, 부하인 상어를 불러 이렇게 말했다.

"내가 잠시 동안 바다를 떠나 있었지만, 오늘부터는 그전과 같이 대왕으로서 바다 밑을 지배한다. 너희들은 그렇게 알아라. 그러므로 너희들에게 명령한다. 새벽녘까지, 바다 공주의 반지를 찾아 가지고 오너라. 반지는 상자에 든 채 바다 밑 어딘가에 있을 것이다. 찾아온 자는 귀족으로서 대우해 줄 테다."

상어들은 황공하여 절을 하고, 반지를 찾으러 바다 밑 여기저기로 흩어졌다.

잠시 후, 두 마리의 흰 상어가 돌아와

고래 대왕에게 보고했다.

"대왕님, 바다 밑에 들어가 여기 저기 헤엄쳐 다니며 보았지만, 반지 상자는 보이지 않습니다. 상자를 찾을 수 있는 것은 금눈돔뿐이 아닌가 생각됩니다. 이렇게 말씀드리는 것은 금눈돔은 '바다의 부랑자'라는 별명이 붙어 있을 정도로, 일 년 내내 바다 밑을 돌아다니면서 싸움질을 하기 때문입니다. 그 녀석이 돌아다니지 않는 곳은 없을 정도이므로 반지가 있는 곳을 알고 있지 않을까 생각됩니다. 그래서 금눈돔을 대왕님께 데려오려고 그 녀석의 집에 가 보았습니다만, 어디를 돌아다니는지 보이지 않습 니다."

"바다를 다 뒤져서라도 금눈돔을 데리고 오너라! 재판소에 가서 명령서를 만들어 가지고, 금눈돔을 속히 잡아 와라."

고래 대왕은 수염을 떨면서 소리쳤다.

상어들은 고래 대왕의 명령서를 만들기 위해 재판소로 헤엄쳐 갔다. 재판소 직원 황어는 '고래 대왕의 이름으로 온 바다를 샅샅이 뒤져 부랑자이며 깡패인 금눈돔을 체포할 것.' 이라는 명령서를 썼다. 그 서류에 상담역인 메기가 서명을 하고 검은 새우가 도장을 찍었다.

그다음 직원은 두 마리의 돌고래를 불러 명령서를 내주며 "금눈돔을 찾아서 곧 대왕 앞으로 데려오라." 고 명령했다.

돌고래들은 명령서를 가지고 바다

밑을 샅샅이 뒤졌으나, 부랑자 금눈돔의 모습은 보이지 않았다. 혹시 하고 바다로 들어오는 강으로 올라가서 호수까지 찾아보았으나 금눈돔은 보이지 않았다. 돌고래들은 울상이 되어 바다로 돌아오려고 하는데, 작은 연못 옆을 지나칠 때 놀라울 만큼 큰 호통 소리가 들렸다.

돌고래들이 연못으로 헤엄쳐 가서 밑바닥으로 내려가 보니, 있다! 금눈돔이 연못의 바위 그늘에서 한창 싸움을 하고 있다. 작은 붕어를 상대로 맞붙잡고 큰 싸움을 벌이고 있었다.

"바보 자식아! 이런 곳에 와서 뭘 하고 있는 거냐!"

돌고래는 금눈돔에게 소리쳤다.

"바닷고기가 연못의 작은 붕어를 상

대로 싸움을 하다니 부끄럽지도 않으냐!"

"상관 말아! 쓸데없는 걱정은 집어치워!"

금눈돔은 돌고래에게 대들었다.

"나는 지금 화가 나 있는 중이야. 쓸데없는 소리를 하면 너도 함께 찔러 죽일 테다!"

"이 부랑자야! 1년 내내 싸움을 하고 소리 지르지 않으면 마음이 편안치 않느냐! 잠시 집에 붙어 있으면 누가 뭐란담! 보아라! 대왕님의 명령서다. 너를 대왕님 앞으로 끌고 오라는 분부시다."

"뭐, 뭐, 뭐라고! 내가 대왕 앞에? 무슨 일이지? 나는 나쁜 짓은 하지 않았는데."

"투덜거리지 말고 어서 얌전히 따라와!"

돌고래가 금눈돔의 지느러미를 물고 바다로 끌어가려고 하자, 금눈돔은 날뛰면서 비명을 질렀다.

"여보게, 부탁이야. 이번 한 번만 눈감아 주게. 나는 이 싸움을 끝내지 못하면 화가 풀리지 않아. 이 붕어 새끼들이 어제 모임 때 고기들 앞에서 내 욕을 했어. 여보게, 바닷고기가 연못의 작은 고기에게 바보 취급을 받아도 좋단 말인가? 제발, 기다려 주게."

"꾸물거리지 말고 빨리 따라와!"

돌고래들은 날뛰는 금눈돔을 고래 대왕 앞으로 끌고 갔다.

"이 부랑자 녀석아! 어디를 돌아다녔단 말이냐!"

고래 대왕은 금눈돔을 꾸짖었다.

"예, 예."

금눈돔은 고래 대왕 앞에서는 어쩔 수 없이 온순해졌다. 무릎을 꿇고 절을 하고 나서는 "잠깐 산책을 했을 뿐입니다. 조금 멀리 나갔습니다만……." 하고 말했다.

"좋아, 이번만은 용서해 주겠다. 그 대신 너는 내 명령을 틀림없이 해내야 한다."

"예, 대왕님의 명령이라면 무슨 일이든지."

"너는 바다 밑을 어디든지 돌아다닌다고 들었는데, 바다 공주의 반지가 들어 있는 상자를 본 적이 있느냐?"

"아, 그 반지 상자! 예, 예, 잘 알고 있습니다. 약간 알아내기 어려운 장소에 있기는 하지만요. 그곳을 알고 있는 것은 나 말고는 없을 겁니다."

"빨리 그 상자를 가지고 오너라. 곧 돌아와야 한다!"

고래 대왕은 귀청이 찢어질 정도의 큰 소리로 호령을 했다. 이반과 약속한 새벽녘은 이미 지났다.

대왕 앞에서 금눈돔은 허리를 굽히고 밖으로 나왔다. 나가다가 고래 대왕의 시종 물고기와 말다툼을 하고, 청어리 여섯 마리의 코를 꺾어 주고, 마침내 바다 밑에 다다랐다.

어둡고 깊은 바다 밑바닥에 작은 상자가 묻혀 있었다. 작지만 무거운 상자, 무게가 1톤 반은 될 것 같았다.

'이걸 나르기는 쉽지 않을 텐데.'

금눈돔은 청어를 부르러 갔다. 청어가

우르르 떼로 몰려와서 밀고 당기고 했지만 상자는 꼼짝도 하지 않았다.

"영차, 영차, 영치기 영차."

큰 소리로 외치며 힘을 써도 청어는 배가 터질 뿐.

"약해 빠진 이 청어놈들, 회초리나 맞아라!"

금눈돔은 상어를 부르러 갔다.

상어는 반지 상자 옆으로 헤엄쳐 오더니 소리도 지르지 않고 쉽게 모래 속에 파묻혀 있는 아름다운 작은 상자를 거뜬히 들어 올렸다.

"야, 대단하군. 과연 상어님이군. 그럼 부탁합니다. 대왕님이 계신 곳에 가서 상자를 전해 주세요. 나는 집으로 돌아가서 잠시 쉬겠어요. 졸려서 견딜 수가 없어요. 위쪽 눈꺼풀과 아래쪽 눈꺼풀이 달라붙는 것 같아요. 그럼 부탁합니다."

금눈돔은 이렇게 말하고 도망치듯이 헤엄쳐 갔으나, 집으로 돌아가지는 않고 싸움 상대인 붕어가 있는 연못으로 간 모양이었다.

아까 중간에서 그만둔 싸움을 계속할 모양인데, 바다 밑의 이야기는 이쯤 해두고, 이야기를 이반 쪽으로 다시 옮기도록 하자.

해는 바다로 막 빠져 들어가려 하고, 하늘에는 저녁놀이 빨갛게 불타고 있었다. 바람도 없고, 바다는 파도조차 일지 않아 그저 조용하기만 했다.

이반은 모래펄에 앉아 바다 쪽을 바라보면서 고래를 기다렸으나 좀처럼 나타나지 않자 투덜투덜 불평을 늘어놓고 있었다. 약속한 새벽녘은 이미 지난 지 오래고, 벌써 저녁때가 되고 말았다.

곱사등이 망아지는 이반의 발 앞에 드러누워 잠자고 있다. 해는 드디어 바다 저쪽에 잠기고, 그 위쪽 하늘에는 불타는 듯한 저녁놀이 하늘 가득히 펼쳐졌다.

"체, 이게 뭐야. 거짓말쟁이, 나쁜 놈. 나오기만 해봐라, 죽여 버릴 테다. 뭐야, 이게 뭐야. 반지를 새벽까지 가져다준다고 하고선, 죽일 놈 같으니, 벌써 해가 넘어가지 않았어."

이반이 마구 고함을 치고 있는 바로 그때, 갑자기 바닷물이 술렁거리더니 커다란 고래가 나타났다.

"기다리셨지요!"

고래는 이렇게 말하면서 작은 상자를 모래밭에 휠쩍 던졌다.

그 상자는 작지만, 굉장히 무거운 듯 모래펄이 흔들흔들 흔들릴 정도였다.

"공주의 반지 상자입니다. 조금은 은혜를 갚은 것 같습니다. 앞으로도 제 도움이 필요할 때는 부르세요. 그럼, 이반님, 망아지님, 안녕히 가세요."

고래는 이렇게 말하고 요란한 물소리를 내며 바다 밑으로 가라앉았다. 곱사등이 망아지는 눈을 뜨자 갈기를 들며 뒷발로 네 번 껑충껑충 뛰었다.

"여, 고래님, 고맙소. 당신은 자기 임무를 훌륭하게 해내었소."

망아지는 바다를 향해 이렇게 외치고, 이번에는 이반에게 말했다.

"자, 상자를 제 잔등에 올려놓으세

요. 곧 서울로 돌아가야 해요. 약속한 사흘이 지나가 버립니다. 나이 많은 신랑은 안달이 나서 죽을 지경일 것입니다."

"기다리게. 이 상자는 아주 무거워. 상자 속에 악마가 500마리는 들어 있는 것 같아. 영차! 이번으로 세 번째인데도 들어 올릴 수가 없어."

망아지는 잠자코 한 발로 상자를 들어 올려서, 마치 돌멩이처럼 가볍게 등 위에 올려놓았다.

"자, 이반님. 올라타세요. 사흘의 기한은 다 지나가려는데 갈 길은 멉니다."

망아지는 이반을 태우고 달리기 시작했다.

횟수	1회	2회	3회	4회	5회
시간	분 초	분 초	분 초	분 초	분 초

글자 보기 훈련 ❷ - 1,019자

비쩍 말라 뼈와 가죽만 남은 늑대 한 마리가 먹을 것을 찾아 헤매고 있었다. 오늘도 종일 주린 배를 안고 돌아다녔지만 먹을거리를 찾을 수가 없었다.

지주의 개들이 주인의 사냥터를 너무나 잘 지키고 있었기 때문에 늑대가 잡아먹을 만한 것이 하나도 없었던 것이다. 그때 살이 통통하게 찌고 털에 윤기가 나는 개 한 마리를 만났다. 그 개는 이 일대를 다스리는 지주의 개들 가운데 한 마리였다. 그 개들은 항상 몇 마리씩 몰려다녔는데 웬일인지 오늘은 혼자서 돌아다니고 있었다.

평소 개에게 원한이 있던 늑대는 당장 달려들어 물어뜯고 싶었지만, 개의 큰 덩치에 그만 주눅이 들고 말았다. 말라빠진 지금의 상태로 개와 싸워서 이긴다는 것은 어림도 없는 일이라고 생각됐던 것이다. 얼핏 봐도 상대는 자신보다 다리가 굵고 몸통도 커 보였다.

'안 되겠어. 아무래도 나보다 기운이 셀 것 같아. 잘못하면 큰일나겠어.'

기가 죽은 늑대는 겁이 나서 꼬리를 낮추며 슬금슬금 다가갔다.

"대단히 죄송하지만 어떻게 하면 당신처럼 훌륭한 털을 가질 수 있나요?"

개가 대답했다.

"네 털이 나처럼 좋지 않은 것은 네가 그렇게 되고 싶어 하지 않기 때문이야."

그리고 또 이렇게 말했다.

"이제 숲에서 마음대로 돌아다니며 허세 부리며 사는 것도 그만둘 때가 되지 않았나? 봐라. 너의 친구들은 말라빠졌고, 겨우 한 조각의 고깃덩어리를 찾아 숲을 헤매고 있지 않니? 그나마 먹을 것을 구하면 다행이지만 그렇지 못하면

굶어 죽게 되잖아. 이제 너희들의 시대는 지났어. 이제부터라도 제대로 살고 싶으면 내 친구가 되어야 해."

어딘지 모르게 친밀한 개의 말투에 늑대는 솔깃해졌다.

"어떻게 하면 되는데?"

"어렵지 않아. 적이 나타나면 짖고 거지가 오면 쫓아내면 돼. 식구들에게는 순하게 굴고, 특히 주인을 즐겁게 해주면 되지. 그 정도만 하면 집에서 남은 음식은 모두 내 것이 되니 매일 배 터지게 먹을 수 있어."

이 말을 듣자 늑대는 갑자기 눈앞이 환해졌다. 배가 불러 행복해하는 자신의 모습이 떠올라 군침이 돌고 감격의 눈물까지 나오려고 했다. 늑대는 즉시 그렇게 하기로 결심하고 개의 뒤를 따라가고 있었다. 그런데 개의 목덜미에 하얗게 털이 빠진 자국이 눈에 띄었다.

"네 목이 왜 그렇지?"

"이거? 아무것도 아니야."

"아무것도 아니라고? 그런데 왜 멋진 털이 그곳만 빠져 엉성한 거야?"

"별거 아니야. 신경 쓰지 마."

이상하게 생각한 늑대가 다시 물으니 개는 마지못해 대답했다.

"그건 아마 목걸이 자국일 거야."

"목걸이라니?"

늑대는 잘 이해가 되지 않아서 다시 한 번 물었다.

"무엇 때문에 목걸이를 하지?"

"집에 있을 때는 묶여 있어야 하거든."

이 말을 들은 늑대는 깜짝 놀랐다.

"뭐라고? 집에 있을 때는 묶여 있다고? 그러면 가고 싶은 곳을 마음대로 가지도 못하겠네?"

"습관이 되면 그렇게 불편할 것도 없

어."

"목이 묶여 있는데 괜찮다고? 너는 괜찮을지 몰라도 나는 절대로 그렇게는 못 살아!"

이렇게 말한 늑대는 미련 없이 돌아서서 숲 속으로 달려가 버렸다.

횟수	1회	2회	3회	4회	5회
시간	분 초	분 초	분 초	분 초	분 초

글자 보기 훈련 ❸ - 2,689자

"아아, 봄이 되면 왜 이렇게 졸리기만 할까."

여우 르나아르는 굴속에 벌렁 누워 연거푸 하품을 했습니다. 그러다가 포근하고 따뜻한 햇볕을 쬐면서 꾸벅 꾸벅 졸기 시작하더니 이내 잠이 들고 말았습니다.

그때 암여우 엘무리느가 나타나 "여보!" 하며 치켜 올라간 눈을 부릅뜨면서 불렀습니다.

"게을러 빠져서 낮잠만 자다니, 당신은 아이들이 배가 고파 울고 있는 소리도 들리지 않아요?"

"그게 어쨌다는 거야?"

"어쩌긴 뭐가 어째요. 집에 먹을 것이라곤 아무것도 없어요. 가족들을 위해 먹을 것을 마련해 오는 것은 가장인 당신의 책임이 아니겠어요?"

"알았어요, 알았어. 이제 알아들었으니까 너무 잔소리를 늘어놓지 말아요."

"그러면 귀여운 아이들이 굶어 죽어도 좋다는 말이에요?"

아내가 잔소리를 늘어놓는 바람에 계속 낮잠을 잘 수 없게 된 르나아르는 벌떡 일어났습니다.

"제기랄, 아내와 아이들을 거느리면 낮잠도 편히 잘 수가 없단 말이야. 남자들은 고달파!"

동물의 세계에서도 가장이 일을 안하고 놀고 있으면 가족들이 살아 나갈 수 없는 것은 인간의 세계와 마찬가지입니다.

르나아르는 울고 있는 새끼 여우들에게 "기다리고 있어라. 아빠가 맛있는 걸 많이 가지고 올테니까." 하고 말하고, 졸린 눈을 비비면서 먹을 것을 구하러 나섰습니다.

르나아르는 먹을 것을 찾아 숲 속 여기저

기를 돌아다녔습니다. 그러나 좀처럼 먹이를 찾을 수 없었습니다.

"할 수 없군. 마을까지 내려가 볼 수밖에."

르나아르는 숲 속을 빠져 나와 사람들이 사는 마을까지 왔습니다. 그리고 데노와라는 농부의 농장에서 드디어 훌륭한 먹이를 찾아내었습니다.

그곳에는 여우가 가장 좋아하는 닭들이 '꼬꼬댁 꼬꼬~~' 하고 요란스럽게 울어 대고 있었는데, 헤아릴 수도 없이 많았습니다.

"이거 아주 고맙구나!"

그렇지만 닭을 빼내 가려면 좀 어려울 것 같았습니다. 마당 둘레에는 튼튼한 떡갈나무 울타리가 쳐져 있고, 또 울타리에는 가시 돋친 산사나무가 빽빽이 무성합니다. 아무 생각 없이 멍청하게 접근하였다가는 따끔하게 찔릴 것이 빤할 테니까요.

"침착해라, 르나아르. 여우는 흔해 빠진

시시한 동물과는 달라서 기가 막히게 머리가 좋거든. 머리는 이럴 때 써야 해."

르나아르는 스스로를 타이르면서 울타리 둘레를 살폈습니다. 마침내 말뚝 뿌리가 썩어서 쓰러져 가고 있는 장소를 발견했습니다. 그곳을 통해서 슬쩍 마당 안으로 들어간 르나아르는 바로 앞에 있는 배추밭에 몸을 숨기고 가만히 동정을 살폈습니다.

그러나 닭들은 바스락 하는 소리로 금방 눈치를 챈 것 같았습니다. 닭들은 둘레둘레 주위를 살피며 입을 모아 떠들어 대기 시작했습니다.

"금방 수상한 소리가 났어."

"숲 속의 짐승이 습격해 온 것은 아닐까?"

"어머나, 무서워!"

"저것 좀 봐. 배춧잎이 흔들리고 있잖아! 짐승은 저기 숨어 있는 게 틀림없어."

"빨리, 주인 데노와님께 알려야지……."

그러자 수탉 한 마리가 "이 못난 겁쟁이

들아, 벌벌 떨지 마!" 하고 말했습니다. 바로 산토크레르라는 이름을 가진, 으스대고 뽐내기 좋아하는 수탉입니다.

산토크레르는 둘러쳐 놓은 울타리를 둘러보며 말했습니다.

"봐라, 이 마당은 저렇게 튼튼한 울타리가 보호하고 있지 않아. 쥐새끼 한 마리도 얼씬 못 하지. 그러나 만일을 위해 이 어르신네가 감시해 주지. 너희 겁쟁이들은 어서어서 닭장 속으로 꺼져 버리기나 해!"

닭들은 '꼬꼬댁 꼬꼬' 하며 앞을 다투어 닭장 속으로 도망쳐 들어갔습니다.

산토크레르는 짚더미 위에 올라가서 망을 보기 시작했습니다. 그러나 수상한 것 따위는 그 어디에서도 도무지 나타날 것 같지가 않습니다.

기분 좋은 봄날 오후입니다. 산토크레르는 졸음이 오는지 하품을 시작하더니 어느 틈엔가 꾸벅꾸벅 졸기 시작했습니다.

'됐다, 됐어. 기회는 이때다!'

배추밭에서 지켜보고 있던 르나아르는 흐뭇한 미소를 지었습니다. 르나아르는 땅바닥에 몸을 납작 붙이고는 살금살금 짚더미가 있는 곳으로 다가갔습니다. 그리고 산토크레르를 덮쳤습니다. 그러나 산토크레르는 그보다 한순간 빠르게 후닥닥 몸을 날려서 곁에 있는 홰로 도망쳐 버렸습니다.

"아뿔싸!"

그렇다고 이 정도로 단념할 여우 르나아르가 아닙니다. 머리를 써야 할 때는 이제부터입니다.

르나아르는 한껏 상냥한 얼굴로 산토크레르에게 다정하게 말을 걸었습니다.

"여보게, 도망갈 것 없어. 너하고 나하고는 핏줄이 섞인 사촌 간이 아닌가?"

"뭐? 우리가 사촌간이라고?"

"그렇단다. 여우는 '캥캥', 닭은 '꼬끼오' 하고 우니 울음소리도 비슷하지 않아? 하기야 목청은 네가 훨씬 더 좋지만."
산토크레르는 여우가 치켜세워 주자 마침내 우쭐해져서 자랑스럽게 목청을 돋우었습니다.
"꼬끼오! 꼬꼬댁 꼬꼬!"
"이젠 됐네, 됐어. 언제 들어봐도 반하게 하는 목청이란 말이야. 자아, 사촌아. 한 번만 더 기가 막힌 네 목소리를 들려다오."
산토크레르는 점점 기분이 좋아졌습니다. 그래서 한쪽 눈은 지그시 감고, 한쪽 눈으로는 르나아르를 경계하면서 더 한층 목청을 높였습니다.
"꼬끼오!"
그러나 르나아르는 트집을 잡기 시작했습니다.
"그런데 자세히 들어 보니까 너의 아버지가 더 훌륭한 목소리였단 말씀이야. 그는 언제나 두 눈을 감고, 뱃속에서 나오는 우렁찬 소리로 온 숲이 쩌렁쩌렁 울리도록 울었단 말이야. 거기에 비하면 네 울음은 도무지 틀려먹었어."

'뭐라고 이놈이!'

뽐내기 좋아하는 산토크레르는 머리 끝까지, 아니 볏 끝까지 약이 올랐습니다.

'아버지한테 져서야 될 말인가.' 하고 생각한 산토크레르는 이번에는 두 눈을 딱 감고 목청이 터지라고 소리를 높이 질렀습니다.

"꼬끼오, 꼬꼬댁 꼬꼬오!"

그 순간, 르나아르는 화살처럼 빠르게 산토크레르에게 덤벼들었습니다. 그러고는 거침없이 목덜미를 물고 쏜살같이 뛰기 시작했습니다.

"에구머니! 여, 여우다!"

그때 닭에게 모이를 주려고 나오던 농장 마나님이 르나아르를 발견하고 큰 소리로 외쳤습니다. 그 소리를 듣고 주인 데노와와 고용인들이 집 안에서 뛰어 나왔습니다.

"앗! 여우가 닭을 물고 간다."

"빨리, 빨리 잡아라!"

사람들은 손에 손에 몽둥이를 들고 여우를 쫓았습니다.

"섰거라, 도둑 여우야!"

"붙잡아서 가죽을 벗길 테다!"

그러나 르나아르는 '웃기지 마라. 붙잡힐 줄 아니?' 하고 필사적으로 도망을 쳤습니다. 목덜미를 꽉 물린 산토크레르는 간이 콩알만 해졌습니다. 무슨 수라도 쓰지 않으면 여우에게 물려 죽을 것은 뻔한 일입니다.

"여우야, 여우야……."

그는 고통스러운 목소리로 여우에게 말했습니다.

"너, 너는……, 사람에게 그런 말을 듣고도…… 아무렇지도 않니? 나 같으면 가만히 안 있을 거야. '대낮에 도둑을 맞다니, 바보 같은 사람들아!' 하면서 놀려 주겠어."

'원숭이도 나무에서 떨어질 때가 있다.'

라는 말이 있습니다. 나무 타기를 잘하는 원숭이도 나무에서 떨어지는 수가 있듯이, 아무리 영리한 자라 하더라도 때로는 실패를 한다는 뜻입니다.

머리가 좋은 것을 자랑하는 르나아르도 이번만은 감쪽같이 속아 넘어갔습니다. 르나아르는 쫓아오는 농부쪽을 뒤돌아보고 외쳤습니다.

"대낮에 도둑을 맞다니……."

그러나 그 말을 채 마치기도 전에 르나아르는 아차 했습니다. 말을 하느라고 입을 벌린 틈을 타서 수탉이 재빨리 빠져나와 옆에 있는 사과나무 위로 올라가 버린 것입니다.

"제기랄! 중요한 때에 요놈의 주둥아릴 놀린 게 잘못이야!"

"그렇고말고, 그렇고말고!"

산토크레르는 신이 나서 말했습니다.

"나도 먼저는 너에게 속아 눈을 감아 버렸어. 그러나 그 실패가 너에게서 도망칠 방

법을 가르쳐 준거야, '실패는 성공의 원인',
속았으면 속이는 것으로 갚아 주는 법이야.
하하하……. 그러고 보니 우리 사촌끼리는
머리 좋은 것도 많이 닮았군 그래, 하하하.
꼬끼오, 꼬꼬댁 꼬꼬!"

그때 쫓아오는 농부들의 발자국 소리가
점점 가까이 들려왔습니다. 르나아르는
닭을 단념하는 수밖에 없습니다. 그는
황급히 풀숲으로 뛰어들어 온 힘을 다해
도망치기 시작했습니다.

횟수	1회	2회	3회	4회	5회
시간	분 초	분 초	분 초	분 초	분 초

글자 보기 훈련 ④ - 1,819자

어느 날 만물의 창조주인 하나님이 이 세상에 사는 모든 동물을 불러 모았습니다.

"내가 너희들을 만든 뒤 많은 세월이 흘렀다. 그래서 오늘 다시 묻겠다. 만일 너희들의 생김새에 불만이 있다면 망설이지 말고 말하거라."

하나님이 먼저 원숭이에게 물었습니다.

"어떠냐? 너는 다른 동물에 비해 부족한 점이나 불만스러운 점이 있느냐? 아니면 지금 그대로의 모습에 만족하느냐?"

그러자 원숭이가 말했습니다.

"불만은 별로 없습니다. 손발이 다 있고 코도 귀도 눈도 입도 다른 동물들과 다 똑같이 있으니까요. 제 모습에 관해서는 아무런 불만이 없습니다. 그런데 앞으로 고칠 수 있다면 저 곰을 좀 손봐 주십시오. 저 얼굴은 마치 그리다 만 그림 같지 않습니까?"

모두 숨을 죽이며 무슨 일이 일어날까 두려워하며 곰을 바라보았습니다. 하지만 곰은 원숭이의 말에는 조금도 개의치 않는 얼굴이었습니다. 도리어 자신의 얼굴을 자랑스러워 하면서 창조주에게 감사를 드린 후 태연하게 말하는 것이었습니다.

"제 생각에는 저 코끼리가 문제라고 봅니다. 정말 형편없지 않습니까? 저 몸에 저 꼬리라니. 귀도 너무 크고, 그보다 바보같이 큰 저 몸집은 정말 봐줄 수가 없습니다. 코끼리야말로 어떻게 해주어야 할 것 같습니다."

모두 놀라서 바라보았으나 코끼리는 "저는 괜찮습니다요." 하고 말하고는 곰이 그랬듯이 자신에 대해서는 흔들림 없는 자신감과 만족감을 표시했습니다. 그리고 "고래야말로 너무 큰 것 같습니다. 아무래도 불쌍해서 못 봐주겠어요."라고 말했습니다.

개미는 자기보다 작은 동물을 불쌍하다고 했고, 낙타는 기린의 목이 길어 부자연스럽다고 했습니다.

하나님은 모두 자기의 문제는 접어두고 다른 동물의 생김새만 걱정을 하므로 대견하게 생각했습니다. 자신이 생각할 때에는 다소 마음에 걸리는 바가 없지 않았지만 동물들이 누구나 다 자기 자신에 대해서는 대충 만족하고 있는 것 같아 그런대로 안심이 되었습니다. 그러고는 새삼스럽게 동물들의 생김새에 손을 댈 필요가 없다고 생각하고 모두 해산시켰습니다.

모인 동물들이 모두 집으로 돌아간 뒤, 하나님도 그 자리를 떠나려고 할 때였습니다.

"잠깐만요! 잠깐 기다려 주세요!"

다급한 목소리에 놀라 돌아보니 아직 아무 말도 하지 않은 인간들이 남아 있었습니다.

"왜 그러느냐? 너는 바라는 것이 있느냐?"

인간들은 서로 얼굴을 보며 망설이고 있었습니다. 그러자 그중 한 사람이 용기를 내어 말했습니다.

"부탁이 있습니다. 제 얼굴을 좀 더 예쁘게 만들어 주실 수 없나요?"

그 말을 신호로 인간들이 일제히 떠들어 대기 시작했습니다.

"부탁입니다. 제 키를 좀 더 크게 해 주세요."

"나는 그렇게 큰 것을 바라지는 않습니다. 코를 약간만이라도 높여 주세요."

인간들의 소리는 점점 커졌습니다. 먼 곳에 있던 인간들까지 달려와 필사적으로 하나님에게 가까이 다가가려고 서로 밀치고 난리가 났습니다. 멀리 떨어진 곳에 있는 사람은 자신의 소원을 전하려고 크게 소리를 질렀습니다. 소동은 점점 더 커졌고, 도대체 누가 무슨 말을 하는지 전혀 알아들을 수 없게 되었습니다.

"모두 조용히 하라!"

참다 못한 하나님이 화가 나서 소리쳤습니다. 그러자 인간들은 뿔뿔이 흩어져 숨어 버렸습니다.

하나님은 한심한 생각이 들었습니다. 하지만 이 자리에 인간을 부른 것도 자신이고 또 그들을 만든 것도 자신이므로, 오늘은 하나만이라도 불만을 들어주자고 마음먹었습니다. 인간들이 살아가는 데 특별히 부족한 것이 있다면 그것을 해결해 주고자 가장 가까이에 있는 남자에게 물어보았습니다.

"너는 무엇이 불만인가?"

그러자 남자가 대답했습니다.

"제 모습을 보기 좋게 바꿔 주세요."

하나님은 곤란했습니다. 인간을 만들 때 자신을 모델로 하여 다른 동물보다 훨씬 공들여 만들었으며, 그렇기 때문에 인간들은 남자든 여자든 나름대로 잘 만들어졌다고 생각하고 있었기 때문입니다.

그런데 인간들은 무슨 불만이 그리 많은지 도무지 알 수가 없었습니다.

그래서 다시 물었습니다.

"코끼리같이 커지고 싶은가?"

"아닙니다. 말도 안 됩니다."

"그러면 개미같이 작아지고 싶은가?"

"아니, 천만에요."

"그러면 도대체 어떻게 되고 싶다는 것이냐?"

그러자 한 사람이 말했습니다.

"어떻게라고 꼬집어 말할 수는 없지 만 그냥 좀 더 좋게 해줄 수는 없으신지요?"

그 말을 들은 하나님은 더욱더 이해할 수가 없었습니다.

"그러니까 예를 들면?"

그러자 그 사람은 다른 사람을 가리키면서 "예를 들면 저는 이 사람보다 얼굴은 훨씬 잘 생겼지만 저 사람에 비한다면 비참할 뿐입니다."

이 말을 들은 하나님은 그 사람에게 이유를 물었습니다.

"얼굴은 잘생겼지만 키가 좀 작다는 것입니다."

그러자 옆에 있던 인간들이 갑자기 자신들의 불만을 늘어놓기 시작했습니다. 그리고 서로 자기를 먼저 고쳐 달라고 아우성을 쳤습니다. 이것을 본 하나님은 한심해했습니다.

하나님은 만물을 창조할 때 장차 생겨나는 사람들이 모두 같은 모습이면 구별도 어렵고 또 사는 재미도 없을 것 같아서 남자와 여자를 막론하고 미묘하게도 서로 다르게 만들었던 것입니다. 그런데 무엇이 어떻게 잘못되었는지 인간들은 불평불만을 일삼으며 사는 것이었습니다. 하나님은 고개를 가로저으며 아우성을 치는 인간들을 두고 그 자리를 떠나 버렸습니다.

횟수	1회	2회	3회	4회	5회
시간	분 초	분 초	분 초	분 초	분 초

글자 보기 훈련 ❺ - 3,435자

1793년 9월, 그때는 국왕과 귀족, 부자들이 지배해 온 프랑스에 대해 국민들의 불만이 폭발한 프랑스 혁명 중에서도 특히 '공포 시대'라 불리던 시기이다.

핏빛의 석양이 서쪽 하늘에 지려 하고 있었다. 아침부터 쉴 새 없이 활동해 오던 단두대가 이제야 그날의 피비린내 나는 작업을 마쳤다.

아침 일찍부터 몰려들었던 군중은 다시 새로운 즐거움을 찾으려는 듯, 해가 지는 것과 동시에 닫혀 버리는 서쪽 성문을 향해 줄줄이 옮겨 가고 있었다. 미움과 복수심에 불탄 그들의 얼굴은 들짐승처럼 일그러져 있었다.

이미 프랑스 국왕 루이 16세는 왕위에서 쫓겨났으며, 정권은 당통, 로베스피에르, 마라 등의 인물들이 만든 공화 정부의 손에 넘어가 있었다. 왕당파의 움직임을 두려워한 그들은, 귀족이라 이름 붙은 사람은 닥치는 대로 잡아다가 아무런 이유도 없이 단두대로 보냈던 것이다.

그들은 모두가 백성들의 적이었다. 프랑스의 역사를 장식한 위인의 자식으로 태어났기 때문에, 그들은 모두 백성의 적이 되어 복수를 받아야만 했다. 그들의 조상은 권력과 폭력을 휘둘러 죄 없는 백성을 구둣발로 짓밟아 왔다. 이제 그 복수를 하기 위하여 구두도 신을 수 없이 가난했던 백성들은 구두 대신 단두대의 묵직한 칼날로 그들의 목을 잇달아 날리고 있는 것이다.

피로 물든 단두대는 어제도 오늘도 수많은 귀족들의 피를 내뿜게 하고 있었는데, 그래도 모자라 마침내 루이 16세와 아름다운 왕비의 목까지 날리고 말았다.

겁에 질린 귀족들은 무슨 수를 써서든지 국민들의 손에서 벗어나, 무서운 파리를 탈출하려고 했다.

그 무렵 파리는 높은 성벽으로 둘러싸여 있었다. 시내로 드나들려면 사방에 있는 성문을 통과하여야 했다.

날마다 저녁이 되면 파리에 모여들었던 광대, 나그네들이 줄을 지어 성 밖으로 나간다. 그때를 틈타 귀족들은 여자나 혹은 거지로 변장하여 관리의 눈을 속이고 빠져나가려 한다. 그러다가 성문을 막 통과하려는 순간 가면이 탄로 나서 단두대로 끌려가는 광경을, 사람들은 그날 하루 중에서도 가장 즐거운 구경거리의 하나로 꼽고 있었다. 특히 서문을 감시하고 있는 비보란 사나이는 눈이 매처럼 날카로웠다. 아무리 교묘하게 변장을 해도 대뜸 알아보고 만다.

뿐만 아니라 비보는 꽤 장난기가 있는 사나이여서 때로는 일부러 못 본 체하고 내보냈다가 가까스로 마음을 놓는 순간 뒤따라 덮쳐서 잡아 오기도 한다.

오늘도 비보는 성문 옆에 술통을 엎어 놓고 그 위에 걸터앉아 있었다. 그는 이미 50명이 넘는 귀족의 가면을 벗겨 단두대에 보냈으며, 당통이나 로베스피에르로부터 남다른 신임을 얻고 있었다. 그러니만큼 "나만큼 날카로운 눈을 가진 사람도 드물 거야." 하고 늘 자랑 삼아 오는 터였는데, 오늘은 특별한 공문서를 받고 있었기 때문에 한층 더 날카로운 눈매로 쏘아보고 있었다.

그것은 이즈음 귀족들이 잇따라 성문을 통과하고, 무사히 영국으로 도망을 치고 있다는 사실이 뚜렷이 드러났기 때문이다. 좀 더 상세히 설명하자면, 어느 영국인의 한 무리가 뒤에서 활약을 하고 있다는 소문이 차차 번지고 있었던 것이다.

남의 일에 참견하기 좋아하는 이 영국인 일당은 어떤 유력한 사람을 두목으로 하고, 그의 지휘 아래 마땅히 목이 달아나야 할 귀족들을 잇달아 구출해 내고 있었다. 그리고 무사히 도버 해협을 건너자

마자 자취를 감추어 버리기 때문에 지금껏 아무도 그들의 정체를 알지 못하고 있었다.

더욱이 이 일당의 행동은 대담하기 이를 데 없는 것이어서, 언제나 귀족을 빼돌릴 때에는 반드시 재판장인 친뷰에게 '우리 영국인 일당은 작업 중에 있습니다.'라고 쓴 편지, 편지라기보다는 종이쪽지를 전했다. 그 종이쪽지에는 또 어김없이 빨간 별꽃의 도장이 찍혀 있었다.

그러나 누가 언제 어떻게 그 종이쪽지를 전해 주는지 전혀 알 수가 없었다. 어느 틈엔가 관리들의 주머니 속에 들어 있는 일이 대부분이었다. 재판장이 그 종이쪽지를 받고 난 몇 시간 후에는 파리를 빠져나간 귀족들이 무사히 영국에 상륙했다는 보고가 날아 들어온다.

이러한 일이 번번이 되풀이되었기 때문에, 이 괴상한 영국인들을 잡는 사람에게는 막대한 상금을 준다는 포고가 내려졌다. 사람들은 누구나 다 그 상금을 타는 것은 서문에 버티고 있는 비보일 것이라 믿고 있었다.

술통에 걸터앉은 비보가 곁에 있는 병사에게 말을 걸었다.

"북문의 그로스피에르는 멍청이 같은 놈이야. 지난주에도 또 당했지. 나 같으면 절대로 그런

실수는 하지 않을 텐데."

"어떻게 해서 당했습니까?"

"정말 바보 같은 녀석이야. 시장에서 돌아가는 짐수레가 줄을 지어 북문을 지나가는데, 그중에 아이들을 거느린 노인 하나가 술통을 싣고 가더라는 거야. 그로스피에르는 큼직한 술통을 하나 들여다보며 검사를 했다는군. 꽤 술에 취했든지 모두 빈 통으로 보이더라는 거야."

"그럼 바닥에 이중 장치가 돼 있었던 모양이군요."

"잔말 말고 들어! 그로부터 30분쯤 지났을 때, 경비 대장 하나가 부하를 데리고 달려왔어. 그리고 그로스피에르에게 '지금 술통을 실은 짐마차가 지나갔지?' 하고 묻더라는 거야. '네, 20~30분쯤 전에 지나갔습니다만…….' 그로스피에르는 태연히 그렇게 대답을 했지. 그러자 경비 대장의 얼굴빛이 금세 달라지더니, '이 바보 같은 놈아! 그 수레에는 살리 공작 일족이 타고 있었단 말이야. 그 수레를 몰고 간 놈이 바로 빨간 별꽃이었단 말이야! 그것을 그냥 지나가게 하다니, 네 목이 달아날 줄 알아라!' 하고 호통을 쳤어. 그로스피에르 녀석, 찍소리도 못했지.

지금까지 입을 굳게 다물고 있던 군중 사이에서

'그로스피에르를 단두대로 보내라!' 하는 고함 소리가 터져 나왔다.

비보는 재미있다는 듯 한참 동안 소리내어 웃다가 다시 말을 이었다.

"화가 머리끝까지 치민 대장이 고함을 질렀어. '빨간 별꽃에게는 상금이 걸려 있어. 막대한 상금이 걸려 있단 말이야! 아직 멀리 달아나지는 못했겠지. 자, 어서 추격을 하자!' 날카로운 고함 소리와 함께 채찍을 휘둘렀어. 10여 명의 부하도 그 뒤를 따랐지."

흥분한 시민들이 와글와글 지껄여 대기 시작했다.

"뒤따라갈 수 있을 게 뭐야."

"놓쳤을 게 틀림없어."

"그런데 여러분! 귀족들은 그 짐차를 타고 있지 않았단 말일세. 짐차를 몰고 가던 자가 빨간 별꽃이라는 것도 새빨간 거짓말이었단 말이야."

사람들이 잠잠해지자 빙그레 웃던 비보의 입이 다시 움직였다. 사람들의 눈이 일제히 그의 입으로 쏠렸다.

"말하자면, 뒤쫓아 간 대장이 별꽃이었어. 그리고 그 부하가 귀족들이었지. 어때?"

사람들은 그 말을 듣자 온몸이 오싹해지는 듯, 갑

자기 잠잠해졌다. 태양은 어느새 서쪽 하늘로 기울어져 힘을 잃은 빛이 사람들의 얼굴을 누르스름하게 물들이고 있었다.

이윽고 성문을 닫을 시간이 되었기 때문에 비보는 이야기를 멈추고 짐마차들이 모여 있는 쪽으로 천천히 걸어갔다.

짐마차들은 거의 다 가까운 마을로 돌아가는 것이었다. 비보는 아침저녁 드나드는 농부들의 얼굴을 거의 다 알고 있었지만, 그래도 마음을 놓지 않고 짐마차 속을 일일이 조사했다.

짐마차를 모는 것은 대개 여자들이었다. 그녀들은 시장에서 돌아오면 단두대 옆 양지바른 곳에 앉아서 이야기를 주고받기도 하고 뜨개질을 하기도 하며 성문이 열리는 시간을 기다렸다.

비보의 눈은 한 늙은 여자가 들고 있는 채찍 끝에 가서 멎었다. 그 여자가 오전 중 마차 곁에 앉아 뜨개질을 하고 있었다는 것은 알았지만, 채찍 끝에 금발, 은발, 그 밖에 여러 가지 색깔의 머리털을 묶어 놓은 것은 처음 보았던 것이다.

"이봐, 할멈, 그건 뭐야?"

비보가 말을 걸자 노파는 얼굴을 들었다.

"나 말인가요, 힛힛힛, 길로틴 나리와 친한 사이여서 날마다 굴러 떨어지는 머리칼을 얻어 모으고 있습니다요."

"아니, 그, 그럼!"

비보는 눈이 휘둥그레져서 채찍 끝에 묶어 놓은 갖가지 머리털을 바라보았다.

"힛힛힛. 내일도 얻기로 약속을 했습니다만, 내일은 여기 나올 수 있을지 어떨지 모르겠구먼요."

할머니가 얼굴을 찌푸렸기 때문에 비보는 저도 모르게 다가서며 물었다.

"그건 또 왜요?"

"여기 있는 내 손녀가 얼마 전에 마마에 걸렸지요. 그런데 아까 의사 선생님에게 진찰을 받았더니 어쩌면 페스트일지도 모른다고 하는군요. 그렇게라도 되는 날엔 내일 아침 이 문 안으로 들여보내 주지 않을 것 같아서 말이에요."

뒤편의 마차를 손으로 가리키는 할머니를 보자 비보는 몸을 부르르 떨었다. 처음 마마라는 말을 들었을 때 한 발자국 뒤로 물러섰는데, 페스트란 말이 나오자 성큼 뒤로 뛰어서 비켰다.

"크, 큰일 날 할멈이로군!"

비보가 얼굴빛이 달라지며 소리쳤을 때 사람들도 마차에서 멀찌감치 비켜서고 있었다.

'페스트다! 페스트다!' 하고 술렁거리는 소리가 들렸다.

"할멈, 냉큼, 냉큼 나가 줘! 페스트, 페스트를 실은 마차를 빨리 끌고 가란 말이야!"

비보는 눈을 부릅뜨고 소리쳤다.

할머니는 씽긋 웃으며 여윈 말에 채찍질을 했다. 그리고 천천히 성문 밖으로 나갔다.

차차 멀어지는 마차를 보자 사람들은 비로소 가슴을 쓰다듬었다.

페스트란 말 때문에 떠들썩하던 기분도 완전히 사라져 버렸다. 슬금슬금 집을 향해 돌아가는 사람도 있었다.

얼마가 지나 멀리서 말발굽 소리가 다급하게 들려왔다. 보니까 경비대의 한 무리였다. 앞장서 달려오고 있는 대장은 비보도 잘 알고 있는 사나이였다. 그러므로 북문의 그로스피에르처럼 속아 넘어갈 염려는 없었다.

"짐마차는 어떻게 됐나?"

경비 대장이 말을 몰고 다가오면서 날카롭게 물었다. 돌아가려던 사람들이 걸음을 멈추었다.

"짐마차라니, 벌써 몇 대나 지나갔습니다만……."

"할멈이 몰고 가던 것 말이야!"

"할멈?"

"채찍 끝에 머리털을 달고……."

"아, 손녀가 페스트를 앓는다고 하던데!"
"맞았어! 바로 그거야! 설마 그 마차를 내보내지는 않았겠지?"
"뭐, 뭐라고요?"
비보의 얼굴이 금세 핏기를 잃었다.
"그 마차 속에는 투르네 백작 부인과 두 아이가 숨어 있었어! 시민의 적이 셋이나 있었단 말이야."
"그럼 그 할멈은……."
"그놈이 바로 빨간 별꽃이야!"
"넷!"
비보는 그 자리에 주저앉고 말았다.

횟수	1회	2회	3회	4회	5회
시간	분 초	분 초	분 초	분 초	분 초

글자 보기 훈련 ❻ - 2,318자

내 이름은 크릴리. 인공위성 K호에서 살고 있습니다.

K호는 큰 자동차의 바퀴와 같은 모양인데, 항상 돌아가고 있습니다. 인공위성의 축이 되는 중심부에서는 네 가닥의 바퀴살이 뻗어 있는데, 둥근 위성의 지름은 1킬로미터, 길이는 한 바퀴 도는 거리가 4킬로미터입니다.

바퀴살 같은 것으로 고정되어 있는 중심부에는 갖가지 기계가 꽉 찼는데, 여기는 인공위성을 움직이게 하는 장소이기도 합니다. 여기서는 많은 기사들이 일을 하고 있습니다.

K호의 중요한 임무는 레이더 스코프나 텔레비전 화면을 통하여 지구와 그 밖의 별들을 관찰하는 것입니다. 그 밖에 지구로부터 오는 로켓과 우주선의 길을 정해 주고 알려 주기도 합니다.

중심부의 커다란 축 꼭대기에는 특별한 출입구가 있어 우주선으로부터 짐을 받아들이고 이를 운반하는 우주 트럭이 출입합니다. 우주 트럭을 타고 오는 사람들은 모두 특별한 우주복을 입어야만 합니다. 그렇게 하지 않으면 숨을 쉴 수 없기 때문입니다.

그러나 인공위성 안에는 항상 공기가 있습니다. 단 한 군데만 빼고 말이지요. 인공위성 안에도 공기가 희박한 장소가 있는데, 거기서 우리들의 별에서 태어난 아이들이 살고 있습니다. 우리는 공기가 희박한 특별한 방에서 태어나 거기서 자랐습니다. 우리에게는 우주모니 우주복 등은 전혀 필요하지 않습니다. 그 대신 우리는 정상적으로 공기가 있는 방에는 들어가지 못합니다. 우리의 부모가 우리를 찾아올 때는 우주복을 입어야만 합니다. 반대로 우리가 부모님을 방문할 때는 특별한 장치가 있는 방으로 들어가야만 합니다.

이 인공위성은 우리의 할아버지나 할머니 대에 만들어졌다고 합니다. 아버지와 어머니는 아주 어렸을 때 여기로 왔다고 합니다. 이 인공위성을 만들기 위해 여러 가지 부품을 우주선에 싣고 왔다고 하는데, 그것은 굉장히 힘든 일이었다고 합니다.

이렇게 하여 짜 맞추어진 인공위성은 절대로 떨어지지 않습니다. 그리고 한 번 돌기 시작하면 힘을 안 들이고 영원히 돌게 됩니다. 속도는 시속 2만 5천 킬로미터, 그러나 우리는 전혀 그 속도를 느끼지 못합니다.

우리는 지구로부터 약 2만 킬로미터쯤 떨어져 있으나, 지구에서 태어난 사람도 우주복만 입으면 인공위성 주위를 자유롭게 돌아다닐 수가 있습니다.

그러나 수리 작업 따위를 할 때는 몹시 힘이 들기 때문에 몸을 밧줄로 인공위성과 연결해야 합니다. 발을 헛디뎌서 미끄러져 떨어지는 일 같은 것은 없으나, 원심력 때문에 자꾸 멀리 떠내려가 나중에 다시 데리고 오기가 귀찮기 때문입니다.

우리들, 인공위성 K호에서 태어난 사람들은 모두 이

름에 K라는 머릿글자를 붙이고 있습니다. 왜냐하면 이 인공위성의 부호가 K이기 때문입니다.

다른 인공위성도 우주의 여기저기에 많이 떠 있습니다. 그 인공위성들은 모두 다른 머릿글자를 가지고 있어, 거기서 태어난 소년 소녀들은 모두 그 글자로 시작되는 이름을 가지고 있습니다…….

여기까지 쓰자 크릴리는 '훅' 하고 길게 한숨을 쉬었다.

"작문이란 굉장히 힘들구나!"

"힘들 것이 뭐 있어? 있었던 사실을 그대로 쓰기만 하면 되는데……."

곁에서 켐로가 말했다.

"어려워. 인공위성이 어떻게 생겼는가, 그리고 아버지, 어머니와 우리들에 관해서도 설명을 해야 하니……. 그러나 난 작문 대회에서 우승을 하고 싶어."

"뭐, 작문 대회? 그런 것이 있었니? 내가 너만 할 때는 그런 것이 없었어. 어때, 크릴리. 그보다 우주차로 밖에 나가 보지 않을 테냐? 재미있어."

켐로와 크릴리는 나이는 달랐지만 형제처럼 사이가 좋았다.

"응, 가자. 하지만…… 아아, 역시 작문은 힘들어. 우선 우주차를 어떻게 설명해야 할까?"

"좌석이 둘 있는 길쭉한 차라고 하면 되잖아?"

켐로는 방에서 나가며 크릴리에게 말했다.

"원자력을 지닌 작은 구슬이 에너지가 되어 있고, 핸들 하나로 전진, 후퇴, 회전까지 할 수 있다고 말이야. 너무 어렵게 생각하지 않는 것이 좋아. 자아, 한바탕 신나게 돌아다니고 오자. 아주 멋있어!"

두 소년은 면회실로 들어갔다.

켐로는 큰 화면 앞에 서서 단추를 눌렀다. 곧 키가 큰 사람이 화면에 나타났다. 건장한 몸집에 켐로와 아주 닮은 사람, 바로 켐로의 아버지였다.

"안녕하세요, 아버지. 크릴리와 함께 우주 차로 잠깐 나갔다가 오겠어요, 괜찮죠?"

"그래. 크릴리의 부모에게는 내가 말해 주마. 그러나 조심해라. 너무 멀리 가지 말고."

"예, 알았어요."

면회실을 나서자 소년들은 오른쪽으로 돌아서 가장 가까운 통로로 들어갔다. 거기서 모노레일을 타고 우주 주차장으로 내려갔다.

"옳지. 또 둘이서 왔구나! 우주차를 타러 왔지, 켐로?"

주차장 담당인 샘이 투명한 모자 속에서 무뚝뚝하게 말했다. 샘은 어렸을 때 이 인공위성에 왔으므로 공기가 희박한 곳에서는 반드시 우주복을 입어야만 했다. 모자 속으로 보이는 얼굴은 털투성이여서 보기에는 좀 무서운 것 같지만 사실은 켐로와 아주 친한 사이였다.

"그렇게 자주 나가더니 또 나가는군. 우주선 항로 부근에서 돌아다닐 생각이지? 뭣이 그렇게 재미있나?"

"말은 그래도 속으로는 아저씨도 가고 싶죠?"

켐로가 낄낄 웃었다.

"이놈! 어른을 놀리면 못써!"

샘은 벙글벙글 웃으며 주차장에서 빨간 우주차를 꺼내어 활주로 위에 갖다 놓았다.

"원자력 에너지를 새로 넣었다, 켐로. 전보다 훨씬 속력이 빠를 테니 그리 알고 운전해라."

"알았습니다. 고마워요."

켐로는 우주차의 좌석에 앉으며 말했다.

빨간 우주차는 아주 멋있게 생겼는데, 가운데에 폭신한 좌석 둘이 붙어 있었다. 켐로의 좌석 앞에는 손과 발로 움직이는 여러 가지 장치가 있었다. 크릴리가 옆에 타자 켐로는 머리 위쪽의 투명한 덮개를 덮었다.

드디어 둔하게 반짝이던 주위가 갑자기 파랗게 변했다. 활주로 앞의 출구가 열린 것이다.

샘에게 손을 흔들고 나서 켐로는 조종간을 잡아당겼다. 1~2초 동안 '부웅' 하는 울림 소리가 들렸다. 그다음에는 '휘익' 하는 예리한 소 리를 내며 빨간 우주차는 활주로 위를 미끄러져 나갔다. 그리고 인공위성을 에워싸고 있는 짙은 남빛 속으로 기세 좋게 튀어나갔다.

켐로는 눈앞에 있는 레이더에서 한 대의 큰 로켓이 다른 유성을 향해 정해진 우주 항로를 따라 일직선으로 날아오는 것을 발견했다. 뒤를 돌아보자, 인공위성 K호는 이미 멀리 떨어져서 조그마하게 보였다.

켐로는 로켓이 달려오는 항로에서 약간 떨어진 곳에

우주차를 세우자, 레이더 화면을 물끄러미 지켜보며 초조하게 기다렸다.

로켓은 굉음을 울리며 항로를 따라 괴물처럼 날아올 것이다. 이 항로에 너무 접근하면 로켓에서 쏟아내는 열기의 파도에 휩쓸릴 위험이 있다. 이 열파를 받으면 우주차는 상하 좌우로 심하게 흔들린다. 켐로 등 우주차를 탈 수 있는 허가를 받은 실습생들에게는 이야말로 가장 가슴이 조마조마해지는 놀이였다.

횟수	1회	2회	3회	4회	5회
시간	분 초	분 초	분 초	분 초	분 초

글자 보기 훈련 ❼ - 2,870자

어느 날 저녁, 루피크 부인은 오노리이느 아줌마가 또 닭장의 문을 잠그지도 않고 내버려 둔 것을 발견하였다.

창문을 통해 보면 금방 알 수 있었다. 넓은 뜰의 저쪽 구석에 있는 닭장의 네모진 문이 열려진 채 캄캄한 어둠 속에 떠올라 있었다.

루피크 부인은 세 아이들 중에서 제일 위인 사내아이에게 소리를 질렀다.

"페릭스! 닭장 문을 닫고 오너라."

"난 닭장 문이나 잠그기 위해서 여기 있는 건 아니에요!"

페릭스는 게으르고 겁쟁이였다. 언제나 얼굴빛이 좋지 않은 소년이었다.

"그러면 에르네스치이느가 가주겠니?"

"싫어요! 난 무서워서 그런 일……."

형인 페릭스나 누나인 에르네스치이느는 얼굴조차 들지 않고 대답했다. 두 사람은 테이블에 팔꿈치를 댄 채 이마를 맞대고 책 읽기에 여념이 없었다.

"그래, 참, 깜박 잊었었구나. 어째서 생각이 안 났을까."

루피크 부인은 혼잣말을 하고, 얼른 소리를 질렀다.

"홍당무야! 어서 닭장 문을 닫고 오너라."

이 어머니는 막내아들을 이런 별명으로 부르곤 했다. 이 아이의 머리는 빨갛고 얼굴은 주근깨투성이여서, 보기에 홍당무라고 부르고 싶어지는 모습을 하고 있었다.

테이블 밑에서 아무것도 하지 않고 어물어물하던 홍당무는 일어서면서 주뼛주뼛 했다.

"엄마! 나도 무서워."
닭장까지는 캄캄하고 멀었다.
"아니, 뭐라고! 덩치가 큰 녀석이 그런 농담을 하는게 아니란다. 자, 어서 빨리 가서 문을 닫고 와요."
"그래, 홍당무는 용감해요. 나는 알고 있다니까. 마치 수놈의 양처럼 말이야."
에르네스치이느가 치켜세우자, 페릭스도 맞장구를 치면서 합세했다.
"그렇고말고, 이 녀석은 세상에 두려운 것이 없다니까."
두 사람이 치켜세우는 바람에 홍당무는 저도 모르게 가슴을 폈다. 이렇게까지 칭찬을 받고도 하지 않는다면 사나이의 수치다. 홍당무는 무서움을 잘 타는 자기의 마음과 싸우지 않으면 안 되었다.
"그럼, 불을 비추어 주어요."라고 홍당무는 말했다.
어머니는 어깨를 움츠려 보일 뿐 아무런 대꾸도 없다. 형은 한술을 더 떠, 사람을 놀리듯이 싱글싱글 웃기만 한다.
그러나 에르네스치이느는 조금 가엾게 생각된 모양인지 촛대를 들고 복도 끝까지 홍당무를 따라와 주었다.
"난 여기서 기다리고 있을게."
하지만 에르네스치이느도 겁이 나서 곧 도망치고 말았다. 밤바람에 촛불이 꺼지고 말았기 때문이다.
어둠 속에서 홍당무는 부들부들 떨기 시작했다. 허리를 엉거주춤한 채 발뒤꿈치가 땅에서 떨어지지 않았다.
캄캄하기가 마치 두 눈을 감은 것만 같다. 가끔 북풍이, 얼음 포장 모양으로 홍당무를 싸서 어디론가 데려가려고 한다. 여우나 또는 이리가 손가락 사이를 벌린다든가, 볼에 입김을 불어대는 그런 일은 없을는지! 그럴 바에는 차라리 머리를 내밀고 닭장으로 쏜살같이 달려가는 편이 낫다. 그곳에는 숨을 데가 있으니까.
홍당무는 닭장으로 달려가 손으로 더듬어 자물쇠를 찾았다. 자물쇠를 잠그는 소리와 홍당무의 발걸음 소리에 놀란 닭들이 홰에서 울어 대며 법석을 떨었다.
"이놈들, 조용히 해! 나야."
홍당무는 문을 닫기가 무섭게 돌아서서 날듯이 달렸다. 팔과 다리에 날개가 돋친 듯하다. 홍당무는 밝고 따뜻한 제자리로 돌아왔다. 숨을 '헉, 헉' 몰아쉬면서 마음속으로는 만족하기 짝이 없다. 마치 비와 흙탕물로 젖은 무거운 옷을 벗고 가벼운 새 옷으로 갈아입은 기분이다.
홍당무는 자랑스러운 듯이 가슴을 펴고 선 채로 미소를 띠고 있다. 모두가 칭찬해 줄 것을 마음으로 기다리고 있는 것이다. 위험은 이제 지나갔다. 어머니와 형, 누나의 얼굴 어딘가에 자기를 걱정해 준 흔적이 남아 있지나 않을까 하며 바라보았다. 그런데 다들 모르는 체하고 있다. 페릭스도 에르네스치이느도 아까 그 자세 그대로 책만 열심히 보고 있다. 어머니는 점잖은 목소리로 대수롭지 않다는 듯이 이렇게 말했다.
"홍당무야! 이제부터 밤마다 닭장 문은 네가 닫도록 해라!"

'피람'이라는 개

아버지 루피크와 에르네스치이느 누나는 등잔 밑에서 신문과 책을 각각 읽고 있다. 어머니는 뜨개질에 여념이 없고, 형인 페릭스는 난롯가에서 불을 쬐고 있다. 홍당무는 마룻바닥에 앉아서, 홍당무답지 않게 무엇인가 생각에 잠겨 있다.
별안간 현관의 구두 닦는 데서 자고 있던 피람이 으르렁거리기 시작했다.
"시끄럽다!"
루피크가 개를 꾸짖었으나 피람은 아랑곳없다는 듯 더 큰 소리로 으르렁댄다.
"바보 같으니!"
이번에는 루피크 부인이 소리를 질렀다. 그래도 피람은 여전히 으르렁댄다. 오히려 이번에는 다들 깜짝 놀랄 만큼 요란하게 짖기 시작했다. 루피크 부인은 가슴에 손을 얹었다. 놀란 심장을 누르는 것이다.
루피크는 혀를 차면서 옆 눈으로 개를 노려 보았다. 페릭스도 큰소리로 꾸짖었다. 어느덧 이 소란은 큰 소동으로 번져서 서로가 말하는 소리마저도 잘 들리지 않을 정도였다.
"조용히 하란 말이닷! 이 바보 같은 똥개야!"
그러나 피람은 더욱 소리를 높일 뿐이다.
루피크는 피람을 신문으로 때리는가 하면 발로 차기도 했다. 부인은 손바닥으로 때렸다. 피람은 얻어맞는 것이 두려워서 마룻바닥에 배를 깔고 콧등을 숙이면서 마구 짖어댔다. 꼭 미친 것만 같았다. 입을 구두털이에 부딪쳤다. 마치 제 소리를 산산조각이 되도록 두드리는 것처럼 생각되었다.
온 집안 식구는 화가 났다. 숨이 막힐 지경이다. 다들 일어나 개를 진정시키려고 했으나 피람은 막무가내였다. 오히려 더욱 요란스럽게 짖어댄다. 다들 어쩔 줄을 몰라 했다.
유리창이 덜렁덜렁 울어댄다. 난로의 연통도 비명을 올린다. 에르스치이느까지 쇳소리를 내면서 악을 쓴다.

홍당무는 바깥쪽을 살펴보려고 방을 나왔다.
지금쯤은 아마 늦은 근무를 마친 사람들이 앞길을 천천히 지나 집으로 돌아가고 있을 것이다. 설마 도둑질을 하기 위해 담을 넘고 있지는 않을 테지.
홍당무는 두 손을 내민 채 캄캄하고 긴 복도를 걸어 나갔다. 빗장을 찾아서 덜커덕 소리를 냈다. 그러나 당기기는 했으나 결코 열려고 하지 않았다. 예전 같으면 위험을 무릅쓰고 바깥으로 뛰어나갔으리라. 휘파람을 불든지, 큰 소리로 노래를 부르든지, 또는 발을 구르거나 해서 수상한 적에게 겁을 주려고 했을 것이다. 그러나 지금은 홍당무도 그만큼 꾀가 늘었다.
지금쯤 아버지도 어머니도 홍당무가 충실한 문지기가 되어 용감하게 집 주위를 돌아보고 있으려니 생각하고 있다. 그러나 천만에 그렇지가 않다. 홍당무는 문 뒤에 바삭 붙어서 가만히 동정만 살피고 있다. 언젠가는 발각될지도 모른다. 그러나 오래전부터 이 꾀는 잘 들어맞고 있다.
염려스러운 것은 단지 재채기나 기침이 나는 것이다. 홍당무는 가만히 숨을 죽이고 있었다. 눈을 들어 쳐다보니 문 위 들창에 반짝반짝 몇 개의 별이 보였다. 얼마나 맑고 찬 빛인가. 홍당무는 절로 오싹 소름이 끼쳤다.
'자아, 이제는 돌아가도 될 시간이다. 연극에는 시간을 너무 끌면 안 된다. 조금이라도 수상하게 보이면 모든 것이 수포로 돌아간다.'
홍당무는 가냘픈 손으로 무거운 빗장을 다시 한 번 흔들었다. 빗장은 녹슨 소리를 냈으나, 그것을 우악스럽게 홈 깊이 밀어 넣었다. 이 소란스런 소리로 식구들은, 홍당무가 먼 곳에서 돌아왔구나, 착실하게 의무를 다하고 왔구나 하고 생각하는 것이다. 어쩐지 몸이 근질근질한 기분이다. 홍당무는 모두를 안심시키려고 빠른 걸음으로 돌아왔다.

그런데 홍당무가 없는 동안에 피람은 짖기를 그만두고 얌전해졌다. 간신히 조용해졌기 때문에 모두들 안심하고 제자리로 돌아가 있었다. 누구 한 사람 아무 말도 없다. 아무것도 묻지 않는다. 그런데도 홍당무는 늘 하듯이 이렇게 말했다.

"피람 녀석, 꿈이 덜 깼던 모양이지. 아마도 그랬던 모양이야."

무서운 꿈

홍당무는 집에 와 묵는 손님을 싫어한다.

왜냐하면 자기 방에서 쫓겨나고 침대를 빼앗기는가 하면, 어머니와 한 침대에서 자야만 하기 때문이다.

그런데 홍당무는 낮에는 낮대로 결점이 있는가 하면, 밤에는 밤대로 더 큰 결점을 가지고 있다. 그것은 어린아이에 어울리지 않게 몹시 코를 고는 일이다. 어쩌면 일부러 코를 크게 고는 것이 아닌가 하는 의심을 받을 정도이다.

8월인데도 냉기가 돌 정도로 넓은 방에는 두 개의 침대만 덜렁 놓여 있다. 하나는 아버지의 것이고, 또 하나는 어머니의 것인데, 그곳에 홍당무는 어머니하고 나란히, 그것도 구석 쪽에서 자지 않으면 안 된다.

자기 전에 홍당무는 담요를 뒤집어쓰고 몇 번씩이나 가벼운 기침을 한다.

횟수	1회	2회	3회	4회	5회
시간	분 초	분 초	분 초	분 초	분 초

글자 보기 훈련 ⑧ - 3,036자

스위스의 아름답고 넓은 호숫가 바위틈에 어부가 사는 오두막집 한 채가 외로이 서 있었다. 그 오두막집에서 한 어부가 나와 하늘을 쳐다보았다. 조금 전까지만 해도 호수나 눈이 덮인 산들을 눈부시도록 비추고 있던 햇살이 어느 사이엔가 사라지고, 먹구름이 하늘 가득히 퍼지기 시작한 것이다.

"얘야, 빨리 배를 끌어들여라. 폭풍이 몰아치게 생겼어!"

어부가 소리치자 호수에서 배를 젓고 있던 소년이 손을 들어 대답했다. 그 소년은 어부의 아들이었다. 오두막집 앞길에서 알프스의 산노래가 들려왔다. 노래 부르고 있는 목부의 뒤에는 소와 양 떼가 길게 줄지어 있었다.

딸랑딸랑, 노래의 반주처럼 울려오는 것은 소나 양의 목에 달려 있는 방울 소리였다.

"폭풍우가 몰아치겠는데."

"아무래도 그럴 것 같은데."

이렇게 대꾸하며 하늘을 쳐다본 목부는 이번에는 뒤를 돌아보며 외쳤다.

"이봐! 소나 양들이 도망치지 않도록 잘 살펴라. 모두 있니?"

"염려 마셔요, 주인아저씨!"

소에 가려서 보이지 않던 소년이 목을 길게 뽑으며 대답했다. 그 뒤에는 활을 든 사냥꾼의 모습도 보였다.

"좋은 소로군. 모두 당신 거요?"

어부가 묻자 목부는 고개를 가로저었다.

"천만의 말씀! 어림도 없지요. 이것은 모두 아팅하우젠 남작님의 소라오. 나는 그저 돌보기만 할 뿐이지."

"그래요? 그런데 벌써 마을로 돌아가는 길이오?"

"저쪽 언덕의 풀을 모두 말끔히 먹어 치웠거든."

"그럼 조심해 가시구료……." 라고 말하면서 어부는 문득 벼랑

위를 올려다보았다.

"어, 누가 내려오는데, 몹시 허둥대는군……."

"어엇, 저 사람이라면 알 만한 사람인데. 이웃 주에 살고 있는 바움가르텐이라는 나무꾼이죠."

이렇게 말한 것은 두 사람 앞에 와서 걸음을 멈춘 사냥꾼이었다.

"그런데 저렇게 허둥대는 걸로 보아 예삿일이 아닌 것 같은데."

걸어가려던 목부도 발길을 멈추고 고개를 갸웃거렸다.

"여보! 대체 무슨 일이오?"

어부가 한 걸음 나서며 외쳤다.

"제발 부탁이오. 배를 좀 내주시오. 나를 빨리 호수 저쪽으로 건너다 주시오. 자 빨리, 제발 부탁해요!"

숨이 턱에 닿을 정도로 벼랑을 달려 내려온 바움가르텐은 어부의 팔을 붙들고 흔들었다.

"이 사람, 서둘지 말아요. 왜 그렇게 허둥대는 거요?"

"쫓기고 있는 중입니다. 목숨이 위태로워요. 살려 주시오!"

"뭐라고? 누구에게 쫓기고 있다는 거요?"

이번에는 사냥꾼이 물었다.

"대관의 부하들에게 쫓기고 있다오. 벌써 이 근방까지 쫓아 왔을 거요. 잡히는 날에는 내 목숨은 끝장이오!"

바움가르텐은 와들와들 떨고 있었다.

"앗, 당신의 웃옷에 묻어 있는 것은 피 아닌가! 무슨 일을 저질렀소?"

어부가 깜짝 놀라 물었다.

"나는 사람을 죽였소. 우리 주를 다스리고 있는 오스트리아의 대관을 내 손으로 죽이고 오는 길이요."

"뭐라고!"

모두들 놀라 서로 얼굴을 마주 보았다.

그 무렵, 스위스는 오스트리아의 지배를 받고 있었다. 그러나 이 나라의 3주만은 좀처럼 명령에 복종하지 않았다. 우우리 주, 운터바르텐 주, 시비츠 주였다. 바움가르텐은 운터바르텐 주의 나무꾼이었다.

"도대체 무슨 일로 대관을 죽였단 말이오?"

사냥꾼이 이렇게 묻자, 바움가르텐은 빠른 말씨로 사정을 설명하기 시작했다.

"어제 저녁때의 일이었소. 내가 집 가까운 숲 속에서 나무를 자르고 있는데, 아내가 새파랗게 질린 얼굴로 달려오지 않겠소. '대관에게 강제로 성 안으로 끌려가던 도중에 간신히 도망쳐 왔어요.' 하면서 말이요. 나는 불끈 화가 치밀어 집으로 달려가지 않았겠소. 그러자 대관이 되돌아와 집 앞을 서성거리고 있더란 말이오. 나는 더 이상 참을 수가 없어 대관의 머리를 도끼로 치고 말았지."

"그랬군요. 어마어마한 일을 저질렀소. 그렇지만 당신이 나쁜 것은 아니오. 나쁜 것은 고약한 대관이지."

"그렇고말고. 그런 짐승 같은 대관 녀석, 꼴좋게 됐다."

"오랫동안 우리들을 못살게 굴더니 죗값을 받은 거요."

모두들 입을 모아 나무꾼을 두둔하고 나섰다.

"아침이 되어 그 사실을 대관의 부하들이 알게 되었죠. 그러니 이제 잡히면 난 끝장이오. 자, 빨리 배를 내어 주어 나를 호수 저쪽으로 도망시켜 주시오. 제발 부탁입니다."

그때 갑자기 천둥이 요란하게 치기 시작했다. 어느 사이엔가 하늘에는 시커먼 구름이 잔뜩 끼고 주위는 어두워져 있었다.

"어쨌든 빨리 이 사람을 도망치게 해야 하지 않겠소, 뱃사공!" 하고 목부도 어부를 재촉했다.

"하지만 지금 당장은 무리요. 사나운 폭풍이 불어 닥칠 테니, 잠시 오두막 안에서 기다려 줘야겠소."

"하지만 더 이상 지체할 수가 없지 않아요. 사공 양반, 부탁이오! 제발 살려 주시오!"

바움가르텐은 울면서 매달렸으나 어부는 고개를 가로 저었다.

"하지만 저걸 좀 보시오. 저렇게 큰 파도가 일기 시작했잖소. 점점 더 사나와질 거요. 도저히 조각배로는 건널 수가 없어요."

사실 호수에도 큰 물결이 일기 시작했다.
"아아, 그러면. 이젠……."
바움가르텐은 머리를 움켜쥐고 울먹이는 소리로 중얼거렸다.
"바로 눈앞에 시비츠 주가 보이는데도……."
모두들 이제 위로할 말도 없었다.
갑자기 목부가 외쳤다.
"저길 봐요. 누가 오고 있는데! 혹시 뒤를 쫓는 대관의 부하인가?"
"아니오. 저 사람은 뷔르크렌 마을의 윌리엄 텔이오." 하고 사냥꾼이 말했다.
"정말 그렇군. 저 큼직한 몸집을 보니 틀림없이 윌리엄 텔이야." 하고 사냥꾼도 대답했다.
윌리엄 텔의 이름은 솜씨 좋은 사냥꾼으로서 그 일대에서는 소문이 나 있었다. 그 윌리엄 텔이 세 사람이 있는 쪽으로 다가왔다. 몸집도 크지만 가지고 있는 활도 엄청나게 컸다.
"이런 곳에 모여서 뭘 하고 있는 거요?" 하고 텔이 물었다. 그러자 어부가 말했다.
"텔, 당신은 배도 잘 젓지요? 그렇다면 알거요. 이런 날씨에는 배를 띄울 수 없다는 것을."
"아무렴, 이런 날씨에 배를 띄우다니……. 그렇지만 사람이란 다급할 때에는 무엇이든 할 수 있는 거요. 그건 그렇고, 도대체 무슨 일이오?" 하고 텔은 모여선 사람들의 얼굴을 둘러보았다.
"실은 말이오, 이웃 주에 사는 이 사람이……." 하고 목부가 바움가르텐에게 눈길을 돌리면서 사정을 설명했다.
"그렇게 되어 이 사람은 스위스 사람의 명예를 지키기 위하여 대관을 죽였단 말이오."
"으음. 로스베르크 성의 그 고약하기 짝이 없는 대관을 말이지?"
"그렇다오. 그래서 대관 부하들에게 쫓기고 있는 중이라오. 호수 건너편의 시비츠 주로 도망시켜 달라고 부탁하고 있지만, 사공이 비바람을 무서워하여 배를 띄우지 않고 있단 말이오."

"그래요? 이제야 알겠군. 그렇다면 뱃사공, 훌륭한 사람은 자기 일보다는 남을 먼저 생각한다는데, 어떻소? 운수를 하늘에 맡기고 곤경에 빠진 사람을 도와주는 것이? 나도 이렇게 부탁하겠소."

"딱한 일이구료. 아무리 당신이 부탁해도 나는 못하겠소. 이런 사나운 파도라면 배도 사람도 모두 물속에 가라앉고 말거요."

어부는 다시 고개를 가로 저었다.

"도저히 안 되겠소?"

"안 돼요. 나로선 도저히 할 수 없어요."

"그래요? 그렇다면 하는 수 없지. 좋소, 내가 해 보지. 배를 빌려 주시오!"

텔은 호수를 노려보았다.

"장하오. 과연 텔이오!"

"역시 소문대로 훌륭한 사람이오."

사냥꾼과 목부는 입을 모아 텔을 칭찬했다.

"고맙소, 정말 고맙소. 당신은 내 생명의 은인이오."

바움가르텐은 손을 모아 텔에게 고마움을 표시했다.

"아니, 괜찮아요. 나는 대관으로부터 당신을 구해 주겠소. 비바람과 무서운 파도로부터는 하느님이 구해 주실 거요."

텔은 바움가르텐의 어깨를 두드렸다. 그리고 이번에는 사냥꾼에게 말했다.

"만일 나에게 무슨 변이 생기면 아내에게 전해 주시오. 텔은 곤경에 빠진 사람을 그대로 저버릴 수는 없었다고 말이오."

"그건 염려하지 마오."

"그럼, 갑시다!"

텔은 호숫가에 매어 둔 조각배에 올라탔다. 뒤따라 바움가르텐도 뛰어올랐다. 천둥과 번개는 점점 사나와졌다. 질풍이 몰아치고 수면은 거칠 대로 거칠어졌다.

텔은 열심히 노를 저었다. 조각배는 때때로 물결 속에 잠겼다가는 떠올라서 나뭇잎처럼 흔들었다.

"부탁이오! 힘을 내요!"

사냥꾼과 목부가 힘껏 외치며 그들을 성원했다.
"여보, 뱃사공. 당신은 배를 젓는 게 본업이잖소. 사냥꾼인 텔이 할 수 있는 걸 당신이 못한단 말이오?"
사냥꾼이 어부를 나무라듯이 말했다.
"그런데 그것이……. 아무리 본업이라지만 제아무리 배를 잘 젓는 뱃사공이라도 텔만큼은 어림도 없다오. 텔만큼 힘과 배짱이 센 사람은 이 우우리 주에는 한 사람도 없으니까."
"하긴 그렇기도 하지. 그렇더라도……." 하고 사냥꾼이 말을 시작했을 때, "쉬잇!" 하며 목부가 갑자기 손가락으로 입을 막는 시늉을 했다. 말발굽 소리가 가까이 들려오고 있었다.
"드디어 놈들이 쫓아 왔나 보다. 하지만 우리들은 아무것도 모른단 말이거든."
사냥꾼은 작은 목소리로 말하면서 목부와 어부에게 눈짓을 했다.
"저기다, 놓치지 마라!"
외치는 소리와 함께 달려오던 몇 필의 말이 오두막집 앞에서 섰다.
"이봐, 살인범을 내놓아라! 이리 도망쳐 온 것을 알고 있단 말이야! 숨기면 용서 없어!"
맨 앞의 대장인 듯한 무사가 소리를 질렀다.
"뭘 말입쇼? 무슨 일인데요?"
사냥꾼이 시치미를 떼고 그들에게 되물었다.

횟수	1회	2회	3회	4회	5회
시간	분 초	분 초	분 초	분 초	분 초

글자 보기 훈련 ⑨ - 1,601자

어느 날 동물의 왕인 사자가 낮잠에서 깨어나 혼잣말을 중얼거렸다.

"아, 귀찮아! 이 더위에 일일이 먹이 사냥을 가야 한다니. 어떤 동물이든 마음만 먹으면 잡지 못한 적이 한 번도 없는데 그들은 왜 항상 필사적으로 도망을 갈까? 어차피 죽음을 피할 수 없다면 처음부터 얌전히 있는 게 나을 텐데. 아니, 차라리 자기들끼리 상의를 해서 매일 순서대로 나한테 와서 먹이가 되어 주면 좋을 텐데. 그렇게 하면 나도 수고를 덜 수 있고 그들도 언제 어디서 잡힐지 모를 공포에서 해방될 테고, 서로 좋잖아?"

나무 그늘에 누워서 중얼거린 사자의 혼잣말이 보통 때 같으면 그저 궁시렁거림으로 끝났을 터인데, 그날은 그 말이 때마침 불어온 남풍의 귀에 들어가 버렸다. 남풍은 자기가 들은 말을 제멋대로 바꿔서 그 일대는 물론 먼 곳에 사는 동물들에게까지 퍼뜨리고 다녔다.

"이 세상의 왕이 모든 동물에게 공물을 바치라고 했다."

이 말을 들은 동물들은 처음에는 잘못 들었나 의심했지만, 원숭이도 낙타도 다 똑같은 말을 들었다고 했다.

동물들은 그렇다면 그 말이 하늘의 소리가 분명하다고 생각했다.

그게 사실이라면 가만히 앉아 있을 수만은 없지 않은가. 하지만 이 세상의 왕이 바라는 공물이란 무엇이며, 모든 동물이 각각 한 가지씩 공물을 바치라는 것인지 아니면 모두 함께 공물을 바치라는 것인지, 동물들로서는 도무지 가늠할 수가 없었다. 그리고 또 이 세상의 왕이 어디에 살고 있는지, 공물을 모으면 어떻게 해야 하는지 도통 알 수가 없었다.

그래서 동물들은 회의를 열어서 방안을 의논하기로 했다. 의장은 동물들 중에서 가장 지혜롭다는 인간에게 맡기는 것이 좋을 듯했지만, 그들은 자기들끼리 따로 신에게 공물을 바치고 있었으므로 인간을 가장 많이 닮고 말을 잘하는 원숭이에게 맡기기로 했다.

의제는 두 가지였다. 하나는 이 세상의 왕이란 누구인가를 알아보는 것이며, 또 하나는 무엇을 공물로 바칠 것인가를 정하는 것이었다. 그러나 소문이 도대체 어디에서 흘러나왔는지에 대해서는 아무도 논의할 생각을 하지 않았다.

우선 이 세상의 왕이란 누구인가 하는 것에 대해서는 비교적 간단하게 결론이 났다. 동물의 왕은 사자이고 또 사자만이 회의에 나오지 않았으므로 하늘의 소리가 말하는 이 세상의 왕이란 분명 사자를 지칭하는 것이라고 의견이 모아졌다.

다음에 무엇을 공물로 바칠 것인가에 대해서는 의견이 크게 두 가지로 나누어졌다.

한 가지는 개나 말과 같이 사람과 밀접하게 지내고 있는 동물들의 의견이었다. 사람들은 신의 대리인 같은 사람에게 돈을 바치고 있으니 동물들도 세상의 왕에게 공물로 돈을 바치자는 것이었다. 하지만 어느 정도의 돈을 어떻게 모으는가 하는 것도 문제였지만, 돈이라는 것을 애당초 만들지도 쓰지도 않는 동물들로서는 감도 잡을 수 없었다.

또 한 가지 의견은 사람들은 자기가 돈을 좋아하기 때문에 신에게 돈을 바치는 것이므로 동물들도 동물들이 좋아하는 풀이나 고기나 과일 중에서 사자가 가장 좋아하는 고기를 바치자는 것이었다.

그러나 여기에는 문제가 있었다. 누가 그 고기가 되는가 하는 것이었다. 누군가가 희생물이 되어 바쳐진다는 것은 불공평한 일이며 모두 조금씩 자기 살을 베어내어 바치는 것도 불가능한 일이었다. 시험적으로 풀을 바쳐 보자는 견해도 있었지만 역효과가 날 것이 자명하다는 결론이 났다. 뾰족한 방법이 없으니 제비뽑기를 해서 뽑히는 동물을 바칠 수밖에 없다는 의견이 나오기도 했다.

드디어 무심코 중얼거린 사자의 혼잣말대로 상황이 전개될 판이었다. 하지만 그것은 누구에게나 너무도 어렵고 괴로운 일이었다. 어제는 누구, 오늘은 누구, 내일은 누구, 그 다음에는 누구, 이렇게 매일 희생물이 되는 동물들을 보면서 저마다 자신에게 닥쳐올 그날을 겁내며 살아야 한다는 것은 정말 끔찍한 일이었다.

이렇게 회의가 점차 어두운 분위기로 변해 갈 때 사슴 한 마리가 결연하게 말했다.

"우리 모두 함께 사자에게 가자. 그렇지 않아도 우리는 매일 죽을지도 모른다는 공포 속에 사는 몸이다. 차라리 모두 사자한테 가서 누구를 잡아먹을 것인지를 사자가 선택하도록 하자. 내가 선택되면 기꺼이 죽겠다."

사슴의 비장한 말이 심금을 울려서 동물들은 모두 사자에게 가기로 했다.

모든 동물이 함께 모여서 몰려가는 광경은 비장한 아름다움마저 감돌았다.

그런데 그 광경을 보고 사자는 깜짝 놀랐다. 멀리서 떼를 지어 자신을 향해 몰려오는 동물들을 본 사자는 평소 자신의 횡포에 복수를 하러 오는 것이라 착각하고는 동물들이 가까이 오기 전에 꼬리를 내리고 부리나케 도망쳐 버렸다.

횟수	1회	2회	3회	4회	5회
시간	분 초	분 초	분 초	분 초	분 초

글자 보기 훈련 ⑩ - 2,525자

양지 언덕의 신뇌베

"오늘은 집 안에서 장난을 해서는 안 된다. 너는 나와 함께 성당을 가야 해."
일요일 아침에 토르뵈론이 아버지에게 들은 말이었다.
토르뵈론이 눈을 동그랗게 뜨고 있는데 어머니가 새 옷을 가져왔다.
"자, 이것을 입어라. 몸가짐을 단정히 하지 않으면 양지 언덕 사람들에게 흉을 잡힌다."
"예."
토르뵈른은 한층 더 눈을 크게 떴다.
"양지 언덕의 사람들도 성당에 나오나요?"
"마을 사람들이 모두 모이지. 거기서 거친 말을 하거나 장난을 치면 마을 사람들에게 대번에 미움을 받아요."
"예."
토르뵈른은 온순하게 고개를 끄덕였다.
토르뵈른의 가슴은 두근거렸다. 전에 아스라크에게서 수없이 들었던 마귀나 괴물들은 어떤 모습을 하고 성당에 올 것인가. 아, 그리 고 신뇌베도 올지 모른다.
토르뵈른은 아버지의 뒤를 따라 발걸음도 가볍게 가슴을 활짝 펴고 걸었다.
"아, 그토롬 씨. 일찍 오시는군요. 양지 언덕에서는 모두 안녕하십니까?"
아버지는 입구의 육중한 문 앞에서 한 남자에게 인사를 했다.
"안녕하십니까, 세문 씨. 덕분에 모두 잘 있습니다. 그런데 이 아이는?"
"제 아들 토르뵈른이랍니다. 처음으로 데려왔습니다."
"하하, 참 잘생긴 아들을 두셨군요."
그 사람은 부드러운 미소를 띠고 토르뵈른을 보면서 "우리 집의 신뇌베도 와 있어요. 제 어머니와 함께 왔습니다." 하고는 곧 저쪽으로 가 버렸다.
양지 언덕이라든가 신뇌베란 소리를 듣자 토르뵈른은 가슴이 몹시 두근거렸다.
"아버지, 지금 그 사람은 누구신가요?"
반짝이는 눈동자로 아버지를 쳐다보았다.
"양지 언덕의 주인이야. 신뇌베의 아버지 구토름 씨인데, 아주 점잖은 분이란다."
"이상한데."
토르뵈른은 자기도 모르는 사이에 중얼거렸다.
아스라크는 이렇게 말하였기 때문이다.
'양지 언덕의 주인은 요술쟁이야. 보기에도 흉측한 곱사등이인 조그만 남자인데

토해 내는 숨은 붉은 빛을 하고 있단다.'
그런데 지금 만난 구토름 씨는 점잖고 친절한 보통 사람이 아닌가.
"우물쭈물 말고 어서 오너라."
토르뵈른이 중얼거린 소리를 듣지 못한 아버지가 뒤를 돌아보았다. 그리고 토르뵈른의 손목을 잡고 성당 안으로 들어섰다.
촛불이 흔들리는 제단이 정면에 있고, 그곳을 향하여 좌석이 양쪽으로 나누어져 있었다. 남자석과 여자석이다. 아버지는 남자석에 앉고, 무릎 위에 토르뵈른을 앉혔다.
"봐라, 토르뵈른. 저 빨간 리본을 맨 여자아이가 신뇌베다."
토르뵈른은 빨간 리본의 여자아이를 보았다.
그 아이는 의자 위에 무릎을 올려놓고 등받이 쪽으로 돌아 앉아 이쪽을 바라보고 있었다.
'아름다운 머리카락이다. 빛나는 황금색이야. 나는 아직 저런 금발을 본 적이 없다.'
토르뵈른은 마음속으로 외쳤다.
빨간 리본은 귀여운 모자에 매달려 있었다. 손에는 찬송가 책과, 빨강과 파란색이 어우러진 명주 손수건을 들고 있었다.
신뇌베는 토르뵈른과 눈이 마주치자 방긋이 웃었다.
토르뵈른은 그때 신뇌베의 고르고 하얀 이를 볼 수 있었다.
"신뇌베."
토르뵈른은 들리지도 않을 낮은 목소리로 불렀다.
신뇌베는 찬송가 책을 손수건으로 치면서 신호라도 보내는 듯한 시늉을 하고 있었다.
토르뵈른은 기뻤다. 신뇌베처럼 자기도 의자에 올라앉아서 뒤에 마주 보고 웃었다.
'친구가 될까?'
'응, 되고말고.'
마음과 마음으로 이렇게 말한 것 같았다.
그때 옆에서 이상한 사내아이가 튀어나왔다.
"어이, 난 봤다. 여자아이를 보고 미소 짓는 건 나빠." 하면서, 그 아이는 별안간 토르뵈른을 의자에서 끌어 내리려고 했다.
"이 자식."
토르뵈른은 힘껏 상대의 가슴을 쥐어박았다.
키는 작고 땅딸막한 데다가, 코는 납작하고, 한눈에 장난꾸러기처럼 보이는 아이였다.
"내려와. 이 자리는 내 거야."
"뭐, 건방진 자식이."
토르뵈른도 지지 않았다. 어릴 때부터 개구쟁이인 데다가 아스크라에게 보고 배운 것이 있는 만큼 힘껏 상대의 궁둥이를 꼬집었다. 그 아이는 울상을 지었으나 그냥 물러날 것 같아 보이지는 않았다. 별안간 토르뵈른의 양쪽 귀를 찢어지도록 꽉 잡았다.
그러자 밀고 당기고 하는 소란이 벌어졌다.
"그만둬라!"
토르뵈른은 귓전 가까이에서 날카롭게 외치는 소리도 듣지 못하고 상대 아이의 얼굴을 마룻바닥에 처박았다.
"그만두지 못하겠니!"
토르뵈른은 목덜미를 잡혀 번쩍 들어 올려졌다.
성난 아버지의 얼굴이 눈앞에 보였다.
"성당만 아니라면 회초리로 힘껏 후려쳤을 판이야."
아버지는 토르뵈른을 무릎에 다시 앉히고 작은 팔을 아프도록 힘껏 비틀었다.
토르뵈른은 얼굴을 찡그리며 신뇌베 쪽을 바라보았다.
신뇌베는 걱정스럽게 토르뵈른을 바라보고 있었다. 그러나 둘의 눈길이 마주치자 재빨리 고개를 돌리고 의자에 가려지게 숨었다.
'신뇌베는 내가 싸움한 것을 나쁘게 생각하는 모양이다.'
이런 생각을 하자, 토르뵈른은 우울해졌다.
'나쁜 것은 내가 아니라 저놈이야. 그 녀석, 어떻게 되었을까?'
뒤를 돌아보니 그 아이는 같이 온 노인에게 꾸중을 듣는 중이었다.
"잠자코 있는 거야, 크누트."
노인의 말소리가 들려왔다.
장난꾸러기의 이름은 크누트였다.
신뇌베는 토르뵈른의 일이 매우 걱정스러운지 슬쩍슬쩍 이쪽을 보고 있었다. 그러나 토르뵈른과 눈길이 마주치면 신뇌베는 화난 듯이 저쪽으로 돌아앉는 것이었다.
신부의 기도나 설교는 지루하고 싫증이 났다. 마지막으로 종이 울리고 모두가 일어서자, 토르뵈른은 얼마나 기분이 홀가분했는지 모른다.
토르뵈른의 아버지는 신뇌베의 아버지 쪽으로 걸어갔다. 두 사람의 이야기를 나누고 있는 쪽으로 한 부인이 신뇌베를 데리고 가까이 왔다.
"토르뵈른, 신뇌베의 어머니인 카렌 부인이시다. 인사드려라."
아버지의 말을 들은 토르뵈른은 "안녕하세요?" 하고 당황하여 말했다.
카렌은 얼굴이 창백하고 몸집이 작은 사람인데, 어딘가 싸늘한 느낌이 들었다.
"처음으로 성당에 왔구나?"
카렌 부인은 토르뵈른의 머리에 가냘픈 손을 얹었다.
토르뵈른이 잠자코 있자, 아버지가 대신 대답했다.
"예. 그런데 오자마자 싸움을 하니 곤란한 녀석입니다."
"신뇌베, 토르뵈른과 놀고 있어라. 우리는 토르뵈른의 아버지와 할 이야기가 있으니까."
신뇌베는 어머니의 말을 듣고는 난처한 듯이 눈썹을 찌푸렸다.

"자, 어서 둘이서 정원에 나가 놀렴."
토르뵈른의 아버지도 말했다.
"난 너 같은 애는 싫어."
신뇌베는 거침없이 말했다.
"왜?"
"성당 안에서 싸움질하는 사람은 본 적이 없어."
"내가 나쁜 것은 아니야. 나쁜 것은 그 자식이야."
"그 자식이란 말도 나쁜 말이야."
신뇌베는 실망했다는 듯이 "왜? 전나무 언덕의 토르뵈른은 예의 바르고 얌전하고 착한 아이라고 항상 들어 왔었는데……." 하고 서글픈 목소리로 말했다.
"나는 예의 바르고 착한 아이는 아니야. 집안에서는 장난꾸러기이고 가장 나쁜 놈이야. 그렇지만 너는 얌전하고 온순한 아이라고 우리 어머니께서 칭찬이 대단하시더라."
"나는 열심히 성서를 읽기 때문인지도 몰라."
"너, 나무 셔츠를 입니?"
토르뵈른은 큰마음 먹고 물었다.
"나무 셔츠? 그게 뭔데? 내가 입고 있는 것은 어머니께서 만들어 주신 보통 셔츠야."
"으음……?"
토르뵈른은 믿을 수 없다는 듯이 고개를 갸웃거렸다.
"그럼 네가 사는 동네에 있는 괴물이나 마귀는 어떻게 하고 있니?"
"어머나?"
신뇌베는 무서운 듯이 떨었다.
"어떻게 하고 있지? 난 들어서 알고 있어."
토르뵈른은 다그쳐 물었다.
두 다리를 벌리고 선 채로 팔짱을 낀 모습은 아스라크의 흉내를 낸 것이었다. 어린이답지 않은 건방진 태도였다.

횟수	1회	2회	3회	4회	5회
시간	분 초	분 초	분 초	분 초	분 초

글자 보기 훈련 ⑪ - 1,377자

먼 옛날에 말과 사슴은 친구였다. 그렇다고 특별히 사이가 좋았던 것은 아니다. 사슴은 숲 속에서, 말은 들판에서 가장 빠른 동물로 인정받고 있다는 점이 친구가 될 수 있었던 이유였다. 말과 사슴은 생활하는 장소가 다르기 때문에 처음에는 들판과 숲의 경계 부근에서 이따금 만나 인사나 하는 정도였다. 그러던 어느 날 그런 인사 끝에 누가 먼저라고 할 것 없이 서로 상대의 집에 놀러 가기로 한 것이다.

먼저 말이 숲 속의 사슴을 방문하기로 했다.

어느 가을날 오후, 초원에는 상쾌한 바람이 불고 있었다.

숲에 들어가기 전에 말은 조금 망설였다. 그리고 숲 속으로 들어섰을 때 말은 역시 오지 않는 게 좋았다고 생각했다. 숲은 들판과는 너무나 다른 세계였다. 안쪽으로 들어갈수록 나무들이 점점 커지고 더욱 무성해져서 앞에 무엇이 숨어 있는지 전혀 알 수가 없었다. 위로는 몇 겹이나 겹쳐진 나뭇잎들이 하늘을 가리고 있었다. 들판에서는 환하게 빛나던 태양이 숲 속에서는 전혀 보이지 않았다. 이따금 나뭇잎을 비집고 들어온 햇빛도 들판에서 보던 것과는 전혀 달랐다.

불안해진 말은 이런 곳에 사는 사슴에게 문득 두려움을 느꼈다. 사슴을 겁낼 만한 이유가 있는 것은 아니다. 하지만 사슴보다 자신이 빠르다는 생각에 가졌던 우월감도 숲 속에서는 도무지 통하지 않을 것 같다는 불안한 생각에 어느샌가 사라지고 말았다. 그리고 사슴의 민첩함이야말로 놀라운 능력이라고 생각되었다.

물론 들판에서 발휘하던 말의 기동력은 조금도 감소하지 않았다. 하지만 사슴의 민첩함을 긍정하는 그 순간, 말은 처음으로 들판을 빨리 달리는 것보다 더 가치 있는 것이 존재하는 세계가 있다는 것을 알았다.

안개가 끼기 시작한 어두운 나무 그늘 속에서 말이 망설이고 있을 때, 저쪽에서 무언가가 천천히 아주 조용하게 다가오고 있었다. 그것은 말을 마중 나온 사슴이었지만 놀란 말의 눈에는 자기를 노리는 무서운 동물처럼 보였다. 안개 속에서 사슴의 멋진 뿔이 점차 윤곽을 드러내기 시작했을 때 말은 안도감보다는 더 큰 두려움을 느꼈다. 그러면서도 말은 사슴과 함께 나란히 숲 속을 걸으며 대화를 나누었고, 사슴의 집에서 식사를 하고는 헤어졌다.

그런데 들판으로 돌아온 뒤로 말의 마음속에는 어느새 질투심 같은 것이 생겨나 있었다. 말은 들판을 달려도 전과 같이 상쾌하게 바람을 가를 수 없었다. 숲 속에서 사슴에게 느꼈던 두려움 때문에 마음이 늘 개운하지 않았다.

그 후 말은 이해할 수 없는 행동을 했다. 바로 사람과 손을 잡은 것이었다.

어느 날 말이 들판을 달리고 나서 나무 그늘에서 쉬고 있을 때 사람이 다가와서 말했다.

"숲 속에 가서 사슴을 사냥하려고 하는데 도와주지 않겠나? 너에게는 빨리 달리는 발이 있고, 우리에게는 네가 배불리 먹을 만큼의 식량이 있다. 사슴이 숲 속에서 아무리 재빠르다고 해도 우리의 머리와 너의 발이 합쳐지면 반드시 이길 수 있다."

귀신이 씐다는 것은 바로 이런 경우를 말하는 것일 게다. 사람의 말을 들은 말이 그 유혹에 간단히 넘어가고 말았던 것이다.

숲 속에서 사슴에게 두려움과 질투심을 느끼지 않았더라면 말이 사람과 손을 잡았을까? 아무튼 이렇게 해서 말은 먹이를 배불리 얻어먹는 조건으로 사람이 등에 타는 것과 사람이 지시하는 대로 달린다는 것을 허락하고 함께 숲 속으로 들어가 사냥을 하게 되었다.

사냥꾼에 의해 사지에 몰린 사슴은 다급한 가운데서도 "왜?" 라고 묻는 슬픈 얼굴로 말을 바라보았지만 말은 그것을 알아차릴 여유가 없었다. 등에 타고 있는 사람이 고삐를 잡아당기고 채찍으로 때리는 바람에 너무나 아파서 그랬는지도 모른다.

이렇게 해서 말의 편리함에 맛을 들인 사람은 사냥이 끝난 후에도 결국 말을 놓아 주지 않았다. 그 후 말은 매일 먹이를 배불리 얻어먹었지만 사람이 만든 마구간에 묶여 지내게 되었다. 넓은 들판에서 마음껏 달릴 수 있었던 자유를 빼앗긴 채 사람이 가려는 곳이면 어디든 달려야 하는 신세가 되고 만 것이다.

횟수	1회	2회	3회	4회	5회
시간	분 초	분 초	분 초	분 초	분 초

글자 보기 훈련 ⑫ - 1,720자

오랜 옛날, 신들 중에서도 지혜가 많은 신으로 알려진 아폴론 신은 잠깐 동안 인간 세상에 살면서 이른바 신탁이라는 것을 내린 적이 있었다.

아폴론 신은 눈앞의 일조차 잘 알지 못하는 사람들이 우스꽝스러워 보였다. 그리고 사람들이 하는 일들이 모두 이치에서 벗어나 있어 위태로워 보였다.

머지않아 생기게 될 일을 미리 예견하는 아폴론 신은 사람들이 일을 저질러놓고 울고불고하는 것을 보면서 장래에 대해서 말해 주고 싶어졌다. 그래서 매일 아침 정해진 시각에 사람들에게 조언을 했고, 이를 고맙게 생각한 사람들은 올림포스 언덕에 신전을 세워 아폴론 신에게 제물을 바쳤다. 그곳이 계시를 받는 장소가 되었다.

아폴론 신이 볼 때 인간에게나 신에게나 미래는 특별하게 정해진 형태를 하고 있는 것이 아니었다. 바람이나 물과 같이 속도를 바꾸고 모습을 바꾸며 흘러가는 것이며, 그러한 바람이나 물의 흐름을 자연스럽게 타는 것이 바로 살아가는 방법이었던 것이다.

하지만 인간들은 그렇게 생각하지 않은 것 같았다. 무모하게 흐름을 거역하거나 어쩌다 잘못 탄 흐름에 몸을 맡겨 버리기도 했다. 제멋대로 굴다가 고생하는 것은 그렇다 치더라도 대부분의 인간들은 흐름을 즐길 줄 몰랐다. 인간들은 신들조차 주저하는 급한 물살에 뛰어들어 말라빠진 몸으로 헤엄쳐 나가려고 하거나 깊은 낭떠러지 같은 곳으로 뛰어들기도 했다. 그런 모습들이 인간이기 때문에 어쩔 수 없는 것이라고 생각하면 그만이겠지만 아폴론 신이 보기에는 너무나 어이없어 보였다.

그래서 신전에서 사람들의 이야기를 듣고 계시를 내릴 때 그러한 짓을 하면 큰 화를 당한다거나 곤경에 빠질 수 있다, 소중한 것을 잃을 수 있다는 등 자신의 눈에 똑똑히 보이는 것들을 알려 주었다.

어느 날 신전 계단에 한 남자가 나타났다.

이 남자는 3년 전에는 매일 신전에 나타나 소원을 빌고 돌아가곤 했었다. 그뒤로는 좀체 모습을 볼 수 없어서 그를 아는 사람들은 도대체 무슨 일이 생겼는지 궁금해했다. 더러는 그 남자가 매일 무엇을 그렇게 열심히 빌었는지도 궁금해했다. 물론 아폴론 신은 남자가 매일 무엇을 빌었는지 지긋지긋할 정도로 잘 알고 있었다. 남자는 항상 “아폴론 신이시여, 나를 부자로 만들어 주십시오!” 하고 빌었다.

보통 사람들은 아폴론 신에게 자기의 사정을 설명했으며, 그들의 이야기를 들은 아폴론 신은 그 사람이 타고 있는 삶의 흐름을 파악하여 조언을 해 주었다. 그런데 그 남자는 그런 전후 사정을 전혀 말하지 않고 “나를 부자로 만들어 주십시오.” 라고만 빌다가 “벌써 3개월이나 빌었는데.” 또는 “4개월이나 빌었는데 왜 아무 말씀도 안 해 주십니까?” 하며 탄식을 하고는 했다. 진절머리가 난 아폴론 신이 “그렇게 부자가 되고 싶으면 돈놀이나 하면 어떤가?” 라고 말해 주었다. 그런데 그 말을 들은 뒤로는 신전에 오지 않았던 것이다.

오랜만에 나타난 남자의 모습을 보니 돈놀이가 잘됐나 싶었다. 옛날에는 말라빠져 궁색한 티가 흘렀는데 지금은 몸도 뚱뚱해지고 좋은 옷을 입고 있었다. 비천한 느낌은 여전했지만 그래도 어딘가 자신이 있어 보였고 안색도 상당히 좋았다.

“소원대로 부자가 된 것 같은데 이번에는 왜 왔는가?”

옛날 생각에 기분이 좋지 않은 아폴론 신이 남자에게 물었다.

“말씀대로 돈놀이를 했더니 잘되어서 오늘은 우선 감사의 말씀을 드리려고 왔습니다.”

예상 밖의 말을 한 남자는 히죽거리며 웃었다. 그러고는 “그래서 다시 부탁의 말씀이 있습니다.” 하면서 말을 이었다.

“저는 사실 대부호가 되고 싶습니다.”

어처구니가 없어진 아폴론 신은 근성이 바뀌지 않는 놈이라고 생각하면서 잠자코 있었다.

“이렇게 조금이나마 잘 살게 된 지금, 다시 아폴론 신의 말을 듣고 뭔가를 새로 시작했다가 모든 것을 잃어버리게 되면 곤란합니다. 그래서 오늘은 아폴론 신의 예언 능력을 시험하고 나서 다시 신전에 공양을 올리고 계시를 받고자 합니다."

남자의 말을 듣고 아폴론 신은 무척 화가 났지만 그래도 아무 말 없이 듣고 있었다. 남자는 신이 나서 말을 계속했다.

"내가 손에 쥐고 있는 것은 작은 새입니다. 과연 이 새가 살아 있는가 죽어 있는가를 말씀해 주십시오. 아폴론 신께서 알아맞히면 나는 아폴론 신의 계명을 자손만대로 받들어 모실 것입니다."

어느새 주위에는 많은 사람이 모여들었고 남자는 의기양양하게 움켜쥔 주먹을 치켜들었다. 아폴론 신은 남자를 혼을 내줘 버릴까 하다가 기껏 적은 돈을 번 것으로 허세를 부리는 모양이 불쌍하다는 생각이 들었다. 또 남자의 장난이 괘씸했지만 자신의 말 한마디로 작은 새가 목숨을 잃을지도 모른다고 생각되어서 이렇게 말했다.

"죽어 있구나."

아폴론 신이 죽어 있다고 말하면 남자는 분명히 새를 살려 줄 것이었다.

아닌 게 아니라 남자는 "틀렸습니다, 아폴론 님." 하며 자랑스럽게 주위를 둘러보고는 쥐고 있던 새를 하늘에다 던졌다. 작은 새가 하늘 높이 날아올랐다.

그 후 아폴론 신은 다시는 인간 세상에 나타나지 않았다.

횟수	1회	2회	3회	4회	5회
시간	분 초	분 초	분 초	분 초	분 초

★ 이제 각자가 선택한 책으로 연습해 봅시다. 책의 글자 수를 세고 글자 수를 시간으로 나누면 '1분 간 본 글자 수'가 됩니다.

총 글자 수 ÷ 시간 = 1분 간 본 글자 수

시간을 재면 24분 35초와 같이 초 단위가 생기는데, 이 초를 분으로 바꾸어야 합니다. 초를 60으로 나누면 분이 됩니다. 35초÷60=0.58333……가 되는데 소수점 둘째 자리까지만 인정합니다. 따라서 0.58이 되겠지요. 그러면 24분 35초는 24.58분이 됩니다. 총 글자 수를 24.58분으로 나누어 나온 글자 수 중에서 소수점 이하를 버리면 그 숫자가 '1분 간 본 글자 수'가 되는 것입니다.

글자 보기 훈련 실행 기록표 1

번호	제목	총 글자 수	1분간 본 글자 수	독서한 시간	집중도	일시
1						
2						
3						
4						
5						
6						
7						
8						
9						
10						
11						
12						
13						
14						
15						
16						
17						
18						
19						
20						
21						
22						
23						
24						
25						
26						
27						
28						
29						
30						
31						
32						
33						
34						
35						
36						
37						
38						
39						
40						

글자 보기 훈련 실행 기록표 2

번호	제목	총 글자 수	1분간 본 글자 수	독서한 시간	집중도	일시
1						
2						
3						
4						
5						
6						
7						
8						
9						
10						
11						
12						
13						
14						
15						
16						
17						
18						
19						
20						
21						
22						
23						
24						
25						
26						
27						
28						
29						
30						
31						
32						
33						
34						
35						
36						
37						
38						
39						
40						

글자 보기 훈련 실행 기록표 3

번호	제목	총 글자 수	1분간 본 글자 수	독서한 시간	집중도	일시
1						
2						
3						
4						
5						
6						
7						
8						
9						
10						
11						
12						
13						
14						
15						
16						
17						
18						
19						
20						
21						
22						
23						
24						
25						
26						
27						
28						
29						
30						
31						
32						
33						
34						
35						
36						
37						
38						
39						
40						

글자 보기 훈련 실행 기록표 4

번호	제목	총 글자 수	1분간 본 글자 수	독서한 시간	집중도	일시
1						
2						
3						
4						
5						
6						
7						
8						
9						
10						
11						
12						
13						
14						
15						
16						
17						
18						
19						
20						
21						
22						
23						
24						
25						
26						
27						
28						
29						
30						
31						
32						
33						
34						
35						
36						
37						
38						
39						
40						

글자 보기 훈련 실행 기록표 5

번호	제목	총 글자 수	1분간 본 글자 수	독서한 시간	집중도	일시
1						
2						
3						
4						
5						
6						
7						
8						
9						
10						
11						
12						
13						
14						
15						
16						
17						
18						
19						
20						
21						
22						
23						
24						
25						
26						
27						
28						
29						
30						
31						
32						
33						
34						
35						
36						
37						
38						
39						
40						

글자 보기 훈련 실행 기록표 6

번호	제목	총 글자 수	1분간 본 글자 수	독서한 시간	집중도	일시
1						
2						
3						
4						
5						
6						
7						
8						
9						
10						
11						
12						
13						
14						
15						
16						
17						
18						
19						
20						
21						
22						
23						
24						
25						
26						
27						
28						
29						
30						
31						
32						
33						
34						
35						
36						
37						
38						
39						
40						

you can
make it!

이해 평가 훈련 1단계 :줄거리 쓰기

줄거리 쓰기에 대하여

이제 줄거리 쓰기 훈련입니다. 스타킹 속독법(MPR 심상 학습 속독법)에서는 이해 평가 1단계라고 합니다. 1분에 30,000자를 볼 수 있을 때까지 연습합니다. "말이 30,000자이지, 책 한 권을 보는 데 걸리는 시간이 1, 2분이라는 이야기인데 그렇게 빠른 속도로 책을 보면 내용을 기억할 수 있을까?"라는 의문이 당연히 들 것입니다.

결론적으로 말하면, 기억할 수 있습니다. 매우 짧은 시간에 다른 잡념 없이 본 내용은 선명하게 기억할 수 있습니다. 이것이 속독법 같은 초학습에 대한 대뇌의 생리적 반응입니다. 그러므로 독자 여러분의 대뇌의 능력을 믿으세요. (학습이 무엇인지 궁금하신 분들은 초학습에 대한 서적을 참고하기 바랍니다.)

물론 대뇌의 능력이 뛰어나도 그 능력을 발휘하기 위해서는 다음 단계를 거쳐야 합니다.

- 책을 볼 때 시야에 들어오는 범위만큼 끊어서 봅니다.
- 시야에 들어온 범위에서 순간적으로 이해가 된 내용이 있으면 바로 다음 시야 범위로 이동합니다. 전체 내용을 파악하려고 오랫동안 들여다보면 안 됩니다. 이것이 잡념을 일으켜서 속도를 지연시킵니다.
- 끝까지 책을 봤으면 기록하고 줄거리 쓰기를 합니다.
- 처음에는 줄거리가 떠오르지 않을 수 있습니다. 그럴 때에는 일단 떠오르는 단어나 문장을 그대로 적습니다.

- 이렇게 적으면서 연습하다 보면 줄거리가 떠오르는 때가 나타납니다. 그 때부터는 줄거리를 쓰면 됩니다.
- 줄거리 쓰기를 100권 정도 연습하면 대체로 1분에 30,000자 이상을 보면서 내용을 파악하는 실력을 기를 수 있습니다. 이때부터 이해 평가 훈련 2단계를 시작합니다.

줄거리 쓰기 Tip

1. 떠오르는 단어나 문장을 그대로 적습니다.
2. 길게 쓰려고 하지 말고 짧은 문장으로 적습니다.
3. 쓸 수 있는 것부터 쓰도록 합니다.
4. 친구에게 말로 이야기를 해주는 것처럼 씁니다.
5. 어려운 단어나 꾸미는 말을 사용하기보다는 쉬운 말로 씁니다.

					No. 권
제 목				읽은 시간	
일 시		총 글자 수		1분간 본 글자 수	
줄거리 쓰기					

No. 권

제 목				읽은 시간	
일 시		총 글자 수		1분간 본 글자 수	
줄거리 쓰기					

					No. 권
제 목				읽은 시간	
일 시		총 글자 수		1분간 본 글자 수	
줄거리 쓰기					

No. 권

제 목				읽은 시간	
일 시		총 글자 수		1분간 본 글자 수	
줄거리 쓰기					

					No. 권
제 목				읽은 시간	
일 시		총 글자 수		1분간 본 글자 수	
줄거리 쓰기					

No. 권

제 목				읽은 시간	
일 시		총 글자 수		1분간 본 글자 수	
줄거리 쓰기					

No. 권

제 목				읽은 시간	
일 시		총 글자 수		1분간 본 글자 수	
줄거리 쓰기					

					No. 권
제 목				읽은 시간	
일 시		총 글자 수		1분간 본 글자 수	
줄거리 쓰기					

					No. 권
제 목				읽은 시간	
일 시		총 글자 수		1분간 본 글자 수	
줄거리 쓰기					

No. 권

제 목				읽은 시간	
일 시		총 글자 수		1분간 본 글자 수	
줄거리 쓰기					

SAT
SAT
I can do it
D-Day

이해 평가 훈련 2단계 :문제 풀기

문제 풀기에 대하여

이제 마지막 단계입니다. 여기까지 속독을 연습하느라 고생이 많았습니다. 그러나 스타킹 속독법(MPR 심상 학습 속독법)은 책을 읽고 주관식 문제를 풀어 80점 이상의 점수를 받으며 1분에 30,000자 이상의 속도가 나와야 완성했다고 인정할 만합니다. 열심히 수련하여 완성하시기 바랍니다.

이해 평가 훈련 2단계는 책을 읽고 주관식 문제를 풀어야 합니다. 그래서 나오는 점수를 이용하여 '1분간 본 글자 수'를 계산합니다. 여기에서 30,000자 이상의 글자 수가 나오면 속독을 완성했다고 생각하면 됩니다. 이때의 속독 능력은 보통 사람의 200배 수준입니다. 여기에서 기준 점수 80이 등장하는데, 사람이 책을 읽고 100% 이해할 수 없다는 가정 아래 이해 점수의 최고 점수를 80으로 정한 것입니다. 참고하기 바랍니다.

총 글자 수 ÷ 시간 × 점수 ÷ 80 = 1분 간 본 글자 수

문제 풀기 훈련 ❶ - 1,618자

아킬레우스와 아이아스의 두 용사를 잃은 그리스 군은 무척 힘이 약해졌습니다. 그런데다가 트로이 군은 일리오스 성안으로 도망쳐 들어가 나오지를 않았으므로 공격하기도 힘이 들었습니다.

'어떻게 하면 이 곤란한 처지를 잘 넘길 수가 있을까?'

대장들은 걱정 끝에 또 점술가의 말을 들어 보기로 했습니다.

"일리오스 성에서 팔라디온 여신의 상을 모시고 있는 한 성은 함락되지 않았습니다. 이 여신상을 훔쳐 내면 그리스의 운이 트일 것입니다."라고 점술가가 말했습니다.

팔라디온 여신상을 훔쳐내는 일은 계략이 뛰어난 오디세우스가 맡았습니다.

오디세우스는 미리 여신상을 모셔 놓은 곳을 조사해 두고, 어느 날 밤중에 거지 모습으로 성안으로 들어갔습니다. 높은 성벽을 넘을 때에는 함께 데리고 간 디오메데스의 목말을 탔습니다.

여신상을 훔쳐 낸 뒤, 대장들이 모여 다시 의논을 하였습니다.

"자, 이제 여신상까지 무사히 훔쳐 내었으니, 남은 문제는 어떻게 성을 공격하느냐이다."

"나한테 좋은 생각이 있소." 하고 오디세우스가 말했습니다.

"몸통 속에 많은 장군과 병사들이 들어갈 수 있는 굉장히 큰 목마(木馬)를 만들어 일리오스 성으로 들여보내는게 어떻겠소? 그런 뒤 그 안에 들어 있는 병사들과 밖의 군사가 힘을 합해 성을 공격하면 점령할 수 있지 않을까 하오."

"그것, 멋있는 생각이다. 서둘러 목마를 만들자."

의논이 이루어져 그리스 군은 산에서 나무를 베어다 목마를 만들었습니다. 그런 뒤 어떻게 목마를 성안으로 끌어들이게 하느냐 하는 방법도 오디세우스와 네스토르가 생각해 낸 대로 했습니다.

어느 날, 트로이의 대장은 일리오스 성의 높은 곳에서 바닷가 쪽을 바라보다가 깜짝 놀랐습니다. 그리스 군의 진지는 자취도 없이 사라지고, 그 대신 그곳에는 굉장히 큰 목마가 하나 서 있는 것이었습니다.

'그리스 군은 어디로 가버렸을까?' 하고 자세히 살펴보니까, 멀리 바다 위에 많은 배가 떠 있습니다.

"그렇다면 그리스 군은 성을 공격하는 것을 단념하고 본국으로 돌아가는 것인가? 제발 그래 주었으면 한숨 돌리겠군."

그러나 트로이 사람들은 마음을 놓지 않은 채, 바닷가로 나가 엄청나게 큰 목마를 멀리서 바라보았습니다.

그때 거지 차림의 한 사나이가 나타나더니 "제 말씀을 좀 들어 주십시오." 하고 말하는 것이었습니다.

"무슨 말이냐?"

"예, 저는 그리스 군에 있었습니다만, 오디세우스라는 장군과 사이가 나빠져서 죽임을 당할 위기에서 겨우 도망쳐 나왔습니다. 그리스군은 전쟁을 단념하고 돌아가는 중입니다."

"그런데 저 목마는 뭐냐?"

"예, 전에 팔리디온 여신상을 훔쳐 낸 뒤 신으로부터 벌을 받을까 두려워 잘못을 용서받기 위해 저것을 만들었습니다."

"하지만 어째서 저렇게 크게 만들었지?"

"예언자가 말하기를, 트로이 사람의 손으로 저 목마를 성안으로 끌어들이고 바닷가에서 제사를 드리면 트로이 군이 승리할 것이라고 했습니다. 그래서 돌아가기로 결정은 했지만, 트로이 군이 승리를 하면 곤란하므로 트로이 군이 무슨 짓을 해도 목마를 성안으로 끌어들일 수 없게 하려고 저렇게 크게 만든 것입니다."

"이 자의 말을 그대로 믿어서는 안 되오."라고 외치며 나서는 사람이 있었습니다. 아폴론 신전의 제사장인 라오콘이었습니다.
"저 목마에는 반드시 어떤 흉계가 감춰져 있을 것이 틀림없습니다. 트로이 사람의 손으로 끌어들이다니 얼토당토않습니다. 태워 버려야 합니다."
라오콘의 말을 옳다고 여긴 사람들은 "목마를 태워 버려라!", "바다에 처넣어라!" 하며 떠들어 댔습니다.
그때 바다 가운데서 수상한 바람이 불어와 큰 물결이 일더니, 그 속에서 두 마리의 큰 뱀이 나타나 눈 깜짝할 사이에 라오콘과 곁에 있던 그의 두 아들의 목을 칭칭 감아 질식시켜 죽이고 말았습니다.
"역시 이 거지가 한 말이 옳군. 라오콘은 신의 벌을 받은 거야."
트로이 사람들은 두려워서 벌벌 떨며 목마를 밧줄로 매어 성문 앞까지 끌어 왔습니다. 하지만 성문을 통해서는 들여놓을 수 없을 만큼 큰 목마라 성벽을 깨뜨리고 안으로 끌어들였습니다.

그러고 나서 거지가 말한 대로 트로이 군은 바닷가로 나가 큰 제사를 드렸습니다. 그리스 군이 돌아갔다는 기쁨까지 더해져 트로이 장병들은 술에 취해 떠들어 댔습니다. 그들이 실컷 마시고 떠들다가 깊은 잠에 빠져 자고 있는 그날 한밤중입니다.

본국으로 돌아가는 듯이 배를 타고 바다 한가운데 떠 있던 그리스 군이 일제히 상륙하여 일리오스 성으로 쳐들어 왔습니다.

성안에서는 목마에 숨어 있던 장병들이 나와 성문을 열어 놓고 기다리고 있었습니다.

마음을 턱 놓고 있던 트로이의 프리아모스 왕을 비롯한 병사들은 제대로 싸워 보지도 못하고 죽거나 사로잡혔습니다.

제1회 문제

※ 해답은 258 쪽에

1 일리오스 성에서 훔쳐 낸 여신상의 이름은?
답 :

2 여신상을 훔쳐 온 사람의 이름은?
답 :

3 그리스 군이 만든 것은?
답 :

4 아폴론 신전의 제사장의 이름은?
답 :

5 트로이 왕의 이름은?
답 :

6 바다에서 나타난 뱀은 몇 마리인가?
답 :

7 트로이를 공격하기 위한 방법은 무엇이었나?
답 :

8 아폴론 신전의 제사장의 아들은 몇 명인가?
답 :

9 그리스 군은 어느 때 공격을 하였나?
답 :

10 트로이 군의 성을 공격하기 위한 방법을 제시한 사람은?
답 :

읽은 시간	집중도	이해도(점수)	1분간 본 글자 수
분 초		%(점)	자

문제 풀기 훈련 ❷ - 1,284자

대원은 대장인 아문센을 비롯하여 프레스톨드, 요한센, 핫셀, 한센, 비야란드, 스튜벨드, 위스팅, 린드스트롬 등이었다.

기지에는 우선 짜 맞춘 오두막이 세워졌다. 그리고 개를 위한 천막 8개와 식량, 연료 따위를 저장하는 천막이 6개 세워졌다. 기지가 완성되자 아문센은 기지 이름을 프람하임이라고 지었다. 배에서부터 감자, 페미컨(말린 고기를 굳힌 고체 식량), 비스킷, 초콜릿, 말린 생선, 석탄, 목재 등 900상자에 달하는 짐을 가지고 왔다.

기지가 훌륭한 모습을 갖추게 된 2월 4일에 뜻밖의 손님이 프람하임으로 찾아왔다. 스코트 탐험대의 테라 노바 호였다. 아문센은 영국인들로부터, 스코트는 지금 프람하임으로부터 서쪽으로 약 600킬로미터 되는 곳에 있는 맥머도 만의 로스 섬에서 기지를 건설하고 있으며, 거기서 눈 위를 달리는 차와 작은 말이 끄는 썰매로 극점으로 갈 것이라는 말을 듣고, 두

가지 점에서 스코트가 잘못하고 있다는 것을 알았다.

그는 솔직하게 자기 생각을 영국인들에게 말했다. 즉, 남극 대륙에서는 기류 관계로 얼음판이나 눈 위보다 땅 위가 더 바람이 강하니 로스 섬의 기지는 위험하다는 것과 눈 위를 달리는 차는 고장을 일으키기 쉽고, 말은 개보다 뒤떨어진다는 것이었다.

그래서 그는 만일 원한다면 자기가 가지고 있는 개의 절반을 넘겨주겠다고 했다.

그러나 영국인들은 그것을 거절하고 프람하임을 떠났다. 영국 탐험대는 자신이 있었기 때문이었다.

영국은 1773년에 쿠크 선장의 탐험선이 남극에 들어갔던 이래 가끔 남극에 탐험대를 보내고 있었으므로 남극에 관한 자료를 누구보다도 많이 가지고 있었다. 당시의 남극 탐험 기록을 가지고 있던 사람도 영국의 세클턴이었고, 스코트 자신도 1901년부터 1904년에 걸쳐 제1회 탐험에서 남위 82도 17분까지 갔던 경험이 있었다. 그러니 스코트의 입장에서 본다면 아문센 등은 어느 시골뜨기 탐험대에 지나지 않았던 것이다.

남극이 있는 남반구는 북반구와는 여름과 겨울이 정반대라 1월이 여름이 된다. 아문센은 비교적 기온이 높은 여름 동안에 80도, 81도, 82도에 식량 따위를 저장하는 기지를 세우기로 했다.

남위 78도 30분에 있는 프람하임으로부터 극점까지는 약 1,400킬로미터나 되니, 가고 올 때의 식량을 가지고 출발하려면 엄청난 짐을 운반해야 하기 때문이었다.

첫 번째는 4명의 대원이 18마리의 개가 끄는 3대의 썰매를 타고 출발했다. 그리고 2월 14일에 80도 지점에 도착했다. 그들은 눈으로 덮인 그곳에 구덩이를 파고 페미컨, 바다표범의 고기, 초콜릿, 비스킷, 성냥, 파라핀 등을 저장했다. 주위는 아무런 표지도 없는 눈 덮인 벌판이었다. 때문에 눈이 오고 바람이 불면 식량 기지를 찾을 수 없게 될 염려가 있었으므로 기지 위에 긴 대나무 깃발을 세우고, 다시 그 좌우에 각기 900미터의 간격으로 10개씩의

장대를 세웠다.
두 번째는 2월 22일에 출발했다. 이때는 8명의 대원들이 참가하여 개 42마리에 7대의 썰매를 끌게 하고 9일째에 81도의 지점에 닿았다. 여기에는 개를 위한 페미컨 500킬로그램을 저장했다.
3월 5일, 3명의 대원이 여기서 기지로 돌아갔고, 남은 대원은 4대의 썰매로 다시 남쪽으로 나아가 3월 8일에는 82도의 지점에 이르렀다. 위도의 1도는 거리로 따져 약 110킬로미터가 된다. 제3식량 기지에는 페미컨, 비스킷, 초콜릿 등이 저장되었다.
아문센은 83도에도 식량 기지를 만들고 싶었으나 일기가 나빠지면서 겨울이 다가오고 있었으므로 급히 본부 기지로 돌아가도록 했다.
이렇게 세 군데의 식량 기지에는 모두 3톤의 식량이 저장되었다.

제2회 문제

※ 해답은 258 쪽에

1 완성된 기지에 붙여 준 이름은?
답 :

2 스코트 탐험대의 이름은?
답 :

3 영국의 쿠크 선장 탐험선이 남극에 들어간 것은 몇 연도인가?
답 :

4 남반구의 여름은 몇 월인가?
답 :

5 첫 번째 대원이 도착한 날짜는?
답 :

6 기지 위에 세운 깃발의 간격은?
답 :

7 위도의 1도는 몇 킬로미터인가?
답 :

8 남극 탐험대 대장의 이름은?
답 :

9 스코트 탐험대의 기지는 어디에 있었나?
답 :

10 세 군데의 식량 기지에 보관한 식량의 양은 얼마인가?
답 :

읽은 시간	집중도	이해도(점수)	1분간 본 글자 수
분 초		%(점)	자

문제 풀기 훈련 ❸ - 1,400자

나는 노 대신에 손으로 열심히 보트를 저어 나갔습니다. 내가 보트를 탄 이유는 다시 괴물이 쫓아왔을 때, 육지보다는 강에서 피하는 것이 수월하다고 여겼기 때문입니다.

강물은 여전히 끓고 있어서, 손으로 노를 젓기란 여간 힘들지 않았습니다. 견디다 못해 나는 거의 1킬로미터쯤 강물을 타고 내려가다가, 그만 보트를 팽개치고 둑으로 기어 올라갔습니다. 그러고는 정신이 희미한 상태로 비틀비틀 걸었습니다.

얼마쯤 걸었을까. 나는 한참 뒤에 길바닥에 그만 쓰러지고 말았습니다. 무더위 속에서 피로가 겹쳐서 더 이상 몸을 지탱하기가 어려웠습니다.

내가 정신을 차리고 문득 눈을 떴을 때는 이미 사방에 어둠이 깔리고 있었습니다.

'아니, 벌써 이렇게 됐나!'

나는 멍청해서 무서웠던 한낮의 일도 먼 옛날의 일처럼 생각되었습니다. 하늘에는 초저녁별이 하나 둘 생겨나고 있었습니다.

그런데 웬걸, 바로 옆에서 인기척이 나 돌아다보니 낯선 사나이가 초라하게 앉아 있었습니다. 나는 그 낯선 사나이에게 다짜고짜로 물을 달라고 했습니다. 워낙 목이 말랐던 것입니다. 그러자 사나이도 기운이 다 빠졌는지 대답 대신 고개만 설레설레 저었습니다. 그 후 두 사람은 한동안 말 없이 있었습니다.

얼마 뒤에 내가 먼저 말을 꺼냈습니다.

"우리 길동무가 됩시다."

"예, 그러지요. 이 길을 따라 곧장 북쪽으로 갑시다."

그제야 그 사나이도 길동무를 생각했는지 반갑게, 그러나 간신히 입을 열어 대답했습니다. 나는 견딜 수 없이 목이 탔지만, 그나마 길동무가 생겨서 애써 기운을 차렸습니다.

이때 나의 머릿속에는 무섭던 화성인도 잠시 잊힌 듯했습니다. 오직 런던으로 가서, 다시 아내가 있는 레더헤드로 돌아갈 생각뿐이었습니다. 하늘에는 흐릿하게 초승달이 걸려 있었습니다.

어쩌다가 나와 길동무가 된 그 사나이는 목사였습니다. 두 사람은 일어나 걷기 시작했습니다.

한편 화성인이 워킹에 떨어졌을 때 내 동생은 런던에 있었습니다. 의과 대학생인 동생은 공부에 쫓겨 화성인이 지구에 쳐들어온 일을 아주 나중에 안 모양이었습니다.

어느 날 아침, 런던의 신문은 화성인에 대한 긴 논

문과 함께 화성에 생물이 있는가에 관한 문제를 실었습니다. 그러나 며칠 전 둥근 통이 워킹 벌판에 도착한 것에 대해서는 상세하지도 분명하지도 않게 취급하고 말았습니다.
동생은 그 신문을 보았습니다. 그리고 화성인의 둥근 통이 떨어진 곳이 곧 형의 집, 그러니까 나의 집에서 겨우 3킬로미터밖에 떨어지지 않은 곳이라는 것을 알았습니다.
그래서 동생은 형이 걱정이 되어 두 번이나 역에 가 보았습니다. 처음 갔을 때는 기차가 운행 중지라는 것이었습니다. 그러나 화성인들 때문에 그런 줄은 자세히 몰랐었습니다. 두 번째 역에 갔을 때에야 동생은 비로소 '웨이브리지 부근에서 화성인과 지구의 포병대가 전투 중인 모양'이라는 소문을 들었습니다.
동생은 형이 몹시 걱정되었습니다. 그러나 동생이 참으로 깜짝 놀란 것은 저녁때 역에서 돌아오는 길에서였습니다.
"웨이브리지에 대격전! 드디어 런던이 위태로워졌다!"
금방 인쇄된 신문을 옆구리에 잔뜩 낀 사나이가 옆길에서 갑자기 뛰쳐나오며 이렇게 외쳤습니다. 동생은 얼른 그 사나이한테 신문을 사서 거리의 흐릿한 불빛에 비쳐 보았습니다.

이때의 그 신문에는 화성인에 대해 다음과 같이 씌어 있었습니다.

- 화성인은 키가 30미터에 가깝고, 커다란 거미와 비슷한 기계로 되어 있는데, 매우 강한 열을 내는 광선을 우리의 급행열차 정도의 속력으로 발사한다. 현재 우리 군대는 사방에서 대포를 모아 잇따라 그곳으로 운반해 가고 있다. 병사는 일광 신호기를 가지고 화성인에게 접근하고 있으며, 일반인도 화성인과의 전투에 적극 협력하고 있다. 화성인은 5개의 둥근 통을 타고 지구에 내려왔으므로, 많아야 20여 명 안팎에 불과하다. 그런데 이미 우리 군대의 대포에 의해 쓰러진 것도 있다. 앞으로 국민에게 위험이 닥칠 때에는 곧 경고가 내리도록 되어 있으며, 특히 경계가 필요한 지역은 런던의 서남부이다.

제3회 문제

※ 해답은 258 쪽에

1 나는 노 대신 무엇으로 보트를 저었나?

답 :

2 나는 왜 노를 젓기 힘들었나?

답 :

3 내가 낯선 사나이에게 달라고 한 것은 무엇인가?

답 :

4 내가 머릿속으로 무섭게 생각했던 사람은?

답 :

5 길동무가 된 사나이의 직업은 무엇인가?

답 :

6 형이 걱정된 동생이 두 번씩이나 간 곳은?

답 :

7 기차가 운행을 중지한 이유는?

답 :

8 화성인의 키는 몇 미터에 가까운가?

답 :

9 화성인은 무엇을 타고 지구에 내려왔나?

답 :

10 화성인으로부터 특히 경계가 필요한 지역은?

답 :

읽은 시간	집중도	이해도(점수)	1분간 본 글자 수
분 초		%(점)	자

문제 풀기 훈련 ❹ - 1,953자

"나는 케브네카이세의 아카라고 합니다. 잘 알아두십시오. 내 바로 오른쪽에서 날고 있는 것이 육시, 그리고 바로 왼쪽에서 날고 있는 것은 칵시, 오른쪽에서 두 번째는 콜메, 왼쪽에서 두 번째는 네류, 그 뒤는 비시와 쿠시입니다. 그리고 그 뒤에 여섯 마리의 젊은 기러기가 날고 있는데 그들은 왼쪽에 셋, 오른쪽에 세마리씩입니다. 훌륭한 핏줄을 이어받은 산(山)기러기뿐입니다. 여기저기에 흩어져 있는 집도 절도 없는 그런 기러기들과 같이 취급하면 곤란합니다. 우리들은 자기가 어떤 핏줄을 이어받은 몸인가를 말하지 않는 그런 놈들과는 한 패거리가 되지 않습니다."

닐스는 그 말을 듣자, 역시 자신의 신분을 확실하게 털어놓지 않을 수가 없다는 생각이 들었습니다. 그래서 앞으로 쑥 나아가 말했습니다.

"나는 농사꾼의 아들로 닐스 홀게르슨이라고 합니다. 오늘 아침까지는 사람이었지요. 그런데 그만……."

여기까지 말하자, 아카는 두서너 발짝 뒷걸음질을 하였습니다. 다른 기러기들은 그 이상으로 물러났습니다. 모두들 목을 길게 빼고 '시이시이' 하고 화를 냈으며 아카는 소리를 버럭 질렀습니다.

"난 아무래도 수상쩍다고 생각했었다. 사람 따위는 우리들과 한 패가 될 수는 없어! 저쪽으로 썩 물러나란 말이다!"
흰 거위 몰텐은 드디어 염려했던 일이 터졌다고 걱정을 하며 기러기 떼를 달래기 시작했습니다.
"설마하니 당신네들이 이런 꼬마 녀석을 무서워하게 되리라곤 상상도 하지 않았습니다. 이런 불쌍한 꼬마를 여우와 족제비 따위가 득실대는 어두운 들판에다 내쫓는다는 것은 너무 가혹합니다. 내일이 되면 돌아가겠어요. 그러니까 오늘 밤만은 제발 같이 있도록 해주세요."
그러자 대장 아카는 "우리들은 아무리 작아도 사람은 주의를 해야만 한다고, 어렸을 때부터 그렇게 배워왔습니다."하고 말했습니다. 그러고는 이 꼬마가 기러기들에게 아무런 해도 끼치지 않는다고 약속만 한다면 오늘밤만은 같이 있어도 좋다는 승낙을 했습니다.
그날 밤, 기러기 떼의 잠자리는 호숫가에서 조금 떨어진 얼음 위였습니다. 그곳이라면 다른 동물들의 습격을 받을 염려가 없었습니 다. 대장 아카가 날아가자 그 뒤를 따라서 한 마리씩 한 마리씩 날아올랐습니다.
"얼음 위에서 잠자다니 얼어 죽을지도 몰라."
닐스는 이렇게 걱정을 했지만 몰텐은 명랑하게 대답했습니다.
"뭐, 걱정할 건 없어. 어서 빨리 마른 풀이나 모아가지고 오도록 해. 될 수 있는 한 많이 모아 와."
닐스가 양쪽 팔에 잔뜩 마른 풀을 안고 오자, 몰텐은 부리로 닐스의 옷자락을 물고 얼음 위로 날아갔습니다.

거기에서 기러기들은 날개 속에다 고개를 쑤셔 박고 몸을 동그랗게 오그린 채 잠을 자고 있었습니다.

"자아, 이제 그 얼음 위에 마른 풀을 펴. 그리고 그 위에서 잔다면 얼어 죽지는 않을 거야."

몰텐은 풀 위에 앉더니 닐스를 제 날개로 감쌌습니다.

"어때? 따뜻한 게 기분 좋지?"

닐스는 날개 털 속에 푹 파묻혀 있었습니다. 아주 따뜻하고 훌륭한 침대였습니다. 갑자기 피로가 몰려들어 금방 잠이 들어 버렸습니다.

기러기 떼가 안전한 잠자리로 택한 그 얼음은 밤중이 되자 스르르 녹아서 움직이기 시작했고, 어느 순간에 물가에 닿아 버렸습니다.

이것을 보고 즐거워한 것은 기러기 떼가 온 것을 알았지만 그쪽으로 건너갈 수가 없었던 여우였습니다.

언덕에 닿은 얼음 위로 뛰어내린 여우는 쏜살같이 달려갔습니다. 그런데 잠자고 있던 기러기 떼에 가까이 왔을 때, 그만 발이 미끄러져 얼음 위에 발톱이 박히고 말았습니다.

그 소리에 놀란 기러기 떼는 당황하여 하늘로 날아올랐습니다. 그렇지만 여우는 날쌔게 한 마리의 기러기를 물고 기슭을 향해서 내달렸습니다.

닐스는 몰텐이 날개를 퍼덕이는 바람에 얼음 위에 나뒹그러지고 말았습니다. 눈을 비비면서 무슨 일이 벌어졌는가 하고 살펴보니 다리가 짤따란 개가 기러기 한 마리를 물고 도망치는 것이 보였습니다. 닐스는 재빨리 그 뒤를 쫓았습니다.

"조심해라, 엄지도령!"

몰텐이 이렇게 소리치는 것을 들으며 깡충깡충 달려갔습니다.

여우에게 물려 가는 가엾은 기러기는 닐스의 나막신이 얼음 위를 딸각딸각 울려오는 소리를 들었습니다.

'저 꼬마가 나를 구하러 오는 거다. 저 꼬마가…….'

기러기는 기쁜 나머지 소리를 내어 끼룩끼룩 목청을 울려댔습니다.

'그렇지만 이렇게 어두우니 혹 얼음이 깨진 틈에라도 빠지진 않을지 몰라.'

그러나 기러기의 걱정과는 달리 닐스는 난쟁이가 되고부터는 밤눈이 훨씬 더 잘 보였습니다. 그래서 얼음이 깨진 틈과 구멍도 잘 가려내 그때마다 깡충깡충 뛰어넘었습니다.

여우는 얼음 위에서 기슭으로 뛰어오르려고 하였습니다. 닐스는 큰소리로 외쳤습니다.

"야, 그 기러기를 놔 줘! 이 도둑놈아!"

여우는 누가 소리를 치는가 하고 이상하게 생각했습니다. 그러나 뒤를 돌아다볼 겨를도 없이 너도밤나무 숲 속으로 달아났습니다.

닐스는 자기의 위험 따위는 생각지도 않고 소리쳤습니다.

"네놈은 어느 집 개냐? 그 따위 짓을 하고도 부끄럽지도 않으냐? 기러기를 놔 줘! 그렇지 않으면 네 주인에게 일러 줄 테다!"

교활한 여우는 우스꽝스러워 견딜 수가 없었습니다. 여우는 들판이나 산에서 잡아먹는 쥐나 물쥐 등의 먹이만으로는 배가 차지 않아 마을로 내려가 닭이나 거위를 훔쳐서 마을 사람들을 괴롭히고 있는 큰 도둑이었던 것입니다.

닐스는 있는 힘을 다해 달려갔습니다. 너도밤나무가 뒤로 날아가는 것 같았습니다. 드디어 따라가 잡았나 싶더니, 잡은 것은 여우의 꼬리였습니다. 그러자 오히려 닐스가 끌려가는 모양새가 되었습니다.

여우는 뒤를 돌아보더니 아무런 힘도 없는 꼬마라는 것을 알고는 달리는 것을 그만두었습니다.

제4회 문제

※ 해답은 258 쪽에

1 기러기 떼의 대장은 누구인가?

답 :

2 농사꾼의 아들의 이름은?

답 :

3 기러기들은 목을 길게 빼고 어떻게 화를 냈는가?

답 :

4 다른 기러기 떼를 달랜 거위는?

답 :

5 불쌍한 꼬마를 무엇과 무엇이 득실대는 들판으로 쫓으려고 하는가?

답 :

6 그날 밤 기러기 떼가 잠을 잔 곳은?

답 :

7 닐스는 무엇이 되고부터 밤눈이 더 잘 보였나?

답 :

8 여우는 얼음 위에서 어디로 뛰어오르려 했는가?

답 :

9 여우가 도망간 곳은 어디인가?

답 :

10 닐스는 여우의 어느 부분을 잡았는가?

답 :

읽은 시간	집중도	이해도(점수)	1분간 본 글자 수
분 초		%(점)	자

문제 풀기 훈련 ❺ - 1,447자

그는 내가 있는 호텔 부근에서 장사를 하고 있어 그 이후 여러 번 만나는 동안 어느새 서로 뜻이 맞는 친구처럼 되어 있었다.

내가 문을 열어 주자 절름발이는 재빨리 차에 올랐다.

"당신한테 알려 줄 일이 있어 기다리고 있었습니다."

절름발이는 숨을 몰아쉬며 말했다.

그는 내 팔을 잡고 아래로 끌어당기면서 속삭였다.

"머리를 숙여요! 밖에서 보이지 않게. 이유는 나중에 설명하죠. 좀 더 낮게!"

그러고 나서 운전사에게 말했다.

"호텔 앞을 지나 저쪽 모퉁이로 돌아가요!"

차는 이미 호텔 앞을 지나고 있었다. 운전사는 시키는 대로 차를 몰았다.

"대관절 무슨 일이오?"

"호텔 옆 그늘에 숨어서 당신이 돌아오기를 기다리고 있는 놈이 있소. 그 이유는 모르지만 그런 놈들은 보통 인간이 아닐 거요. 그래서 당신에게 알리려고 거기서 기다리고 있었소."

"어떻게 나를 기다리고 있다는 걸 알았소?"

"처음에는 놈들이 둘이었습니다. 호텔 앞에서 피터라는 호텔 보이와 이야기를 하고 있더군요. 그러다가 한 사람이 호텔 안으로 들어갔습니다. 아마 당신이 있나, 없나 보러

갔겠지요. 그러나 곧 돌아 나오더니 둘이서 저 길 모퉁이에서 이야기를 하기 시작했습니다. 나는 이 부근에서 살고 있으므로 피터와도 아는 사이라 두 사람이 한 이야기를 물어보았습니다. 그러자 두 사람이 당신에 대해서 물어보더라고 했습니다. 그래서 나는 그들이 있는 길모퉁이로 가서 두 사람의 이야기를 엿들었습니다. 한 사람이 이렇게 말하고 있었어요. '나는 호텔 앞에서 지키고 있을 테니까 자네는 나이트클럽을 모조리 뒤져 보게. 그러나 그 사나이를 발견해도 손을 대지 말게. 멀리서 미행을 하며 오란 말이야. 놈을 잡는 것은 둘이서 함께 해야 하니까.' 라고 말입니다. 그리고 두 사람은 헤어져 한 사람은 호텔 옆의 어두운 곳에 숨었고, 한 사람은 차를 타고 어디론가 갔습니다. 호텔 옆에 있는 녀석은 지금 지나치면서 보니까 그대로 서 있었어요."

"차에 타고 간 녀석은 어떻게 생겼소?"

절름발이의 설명을 듣고 보니 나이트클럽에서 나를 따라왔던 그 사나이가 분명했다. 그렇다면 나를 노리고 있는 사나이는 하나가 아니라 둘이 된다. 대관절 그들은 누구일까? 절름발이의 말로 미루어 보아 경찰은 아닌 것 같았다. 그럼 진짜 리 뉴젠트일까? 아니다. 그런 것은 아무래도 좋다.

문제는 그들이 경찰에 신고하여 경찰의 손으로 나를 잡으려 하지 않는다는 점이다. 이런 경우에는 재빨리 경찰에 알리는 것이 보통이다. 그런데 그들은 경찰에 알리기를 꺼리는 듯한 눈치까지 보이고 있지 않은가! 왜 그럴까? 나는 생각하지 않기로 했다.

"아무튼 고맙소. 당신은 참으로 좋은 친구요."

"뭘, 아무것도 아닌 걸 가지고. 당신은 처음 만났을 때부터 나에게 친절하게 대해 주었기 때문에 그 은혜를 조금이라도 갚고 싶었을 뿐이오. 그런데 당신은 이제부터 어떻게 할 셈이오?"

그렇다. 나는 앞으로 어떻게 해야 하는가? 나는 다시 생각에 잠겼다.

"무엇 때문에 놈들이 나를 노리는지 알 수 없지만 그런 놈들과 만나기는 싫으니 호텔로 돌아갈 수는 없고……."

"왜 경찰에 신고하지 않습니까?"

"신고해 봐야 소용이 없소."

나는 진짜 이유를 설명할 수가 없었다. 경찰이 끼어들면 상대방이 받는 곤란 이상으로 내가 곤란해진다.

"그보다 한동안 멀리 몸을 숨길까 하오."

돈은 충분하니 어디를 가도 걱정은 없을 것 같았다. 단순히 호텔만 바꾼다면 머지않아 또 발각 당하게 되고 말 테니까.

"당신에게 한 가지 부탁이 있소. 나를 대신하여 당신이 호텔에 머물지 않겠소? 당신은 여러 번 내 방으로 왔던 적이 있으니 혼자 들어갈 수 있겠지?"

나는 이 사나이를 진심으로 믿고 있었다.

"이것이 방문 열쇠요. 옷장 밑에 구두가 있소. 그걸 갖다 주었으면 좋겠는데 ……. 그보다 중요한 것은, 잘 들어요. 조리대 밑에 냉장고가 있는데 냉장고를 열고 안으로 손을 쑥 깊이 넣으면 열쇠가 걸린 작은 함석 상자가 있을 거요. 그걸 나에게 갖다 주시오."

절름발이에게 설명하지는 않았으나 그 상자에는 100달러

짜리 지폐가 110매쯤 들어 있었다. 10매 정도는 지난 1주일 동안에 써 버렸다.

"엘리베이터 보이도 당신의 얼굴을 알고 있을 거요. 그래도 만일을 위해 내가 전화를 걸어 둘 테니까 당신이 의심을 받지는 않을 거요."

제5회 문제

※ 해답은 258 쪽에

1 차문을 열자 차에 올라탄 사람은?

답 :

2 호텔 보이의 이름은 무엇인가?

답 :

3 절름발이의 말로 미루어 볼 때 그 사람의 직업이 아니라고 생각한 것은?

답 :

4 호텔 앞을 지나 어디로 돌아가자고 했나?

답 :

5 처음에 그들은 몇이었나?

답 :

6 절름발이의 설명으로 미루어 볼 때, 그들은 나를 어디서부터 따라왔는가?

답 :

7 나를 노리고 있는 사람은 몇 명인가?

답 :

8 옷장 밑에 무엇이 있는가?

답 :

9 냉장고를 열고 손을 넣으면 무엇이 있나?

답 :

10 지폐는 얼마나 있나?

답 :

읽은 시간	집중도	이해도(점수)	1분간 본 글자 수
분 초		%(점)	자

문제 풀기 훈련 ❻ - 1,638자

이슬방울이라는 말을 듣자, 마야는 겨우 마음을 놓을 수 있었습니다.

"부인께서는 어째서 물을 마시지 않으세요?"

마야는 이것이 궁금하여 물었습니다.

"요즘 신장이 좀 나빠서 말이야."

이마를 찡그리듯이 하면서 풍뎅이가 말했습니다. 약간 기분이 언짢은 모양인지 "당신은 무슨 일로 온 거요?" 하고 마야를 향해 물었습니다.

이때 마야는 카산드라의 가르침이 문득 생각났습니다. 그래서 되도록 정중하고 공손한 말투를 쓰기로 했습니다.

"부탁입니다. 이 꽃은 뭐라고 하는지 가르쳐 주십시오."

마야는 풍뎅이의 기분을 돌리려고 꽃에 대해 물었습니다.

"음, 그러고 보니 너는 갓 태어난 모양이로구나."

풍뎅이는 으스대며, 마야가 아무것도 모르는 것을 업신여기는 투로 말했습니다.

"이건 장미라는 꽃이야."

풍뎅이는 반짝거리는 머리를 등껍질 속에서 움직였습니다. 머리가 등껍질 속에 들어갈 수 있도록 되어 있어서 소리 없이 미끄럽게 잘 움직일 수 있는 모양입니다.

마야가 보기에 이 풍뎅이는 어딘지 천해 보이는 데가 있었습니다. 그래도 마음은 착한 모양으로 마야가 얼굴을 붉히자, "글쎄, 우리도 사실은 나흘 전에 이 꽃으로 이사를 왔거든. 어때, 훌륭한 꽃이지? 하고 이번에는 부드럽게 말하는 것이었습니다.

"예, 정말 훌륭한 꽃이에요."

마야가 대답했습니다.

"좀 더 가까이 들어와."

"예."

마야는 조금 망설였습니다만 시키는 대로 꽃 가운데 쪽으로 나갔습니다. 풍뎅이는 방해가 되는 꽃잎을 슬쩍 옆으로 밀어냈습니다. 둘은 향기 좋은 분홍 벽이 있는 밝은 방으로 들어갔습니다.

"정말 훌륭한 집이에요."

마야는 이렇게 칭찬하지 않을 수 없었습니다. 장미꽃의 짙은 향내에 그만 몸이고 마음이고 녹아들 것만 같습니다. 풍뎅이는 그런 마야를 보더니 으스대며 말했습니다.

"옛 속담에 '사는 집을 보면 그 사람의 값어치를 알 수 있다.' 는 말이 있지. 자, 꿀이나 맛보렴."

"어머나."

마야는 반가워서 불쑥 이렇게 말했습니다.

"얻어먹을 수 있으면 정말 고맙겠네요. 전 아직 아침 식사를 안 했거든요."

"사양 말고, 어서 먹어요."

풍뎅이는 고개를 끄덕이고 나더니, 맛있는 꿀을 꺼내기 위해 벽 뒤쪽으로 돌아갔습니다.

마야는 너무나 마음이 흐뭇하여 볼과 작은 손으로 부드럽고 빨간 꽃잎 커튼을 밀었습니다.

정말 아름답고 화사한 집이었습니다. 지저분하고 복잡한 꿀벌의 집 따위와는 도저히 비교도 안 될 만큼 훌륭하였습니다. 마야는 달콤한 냄새를 한껏 마시며 얼이 빠진 것처럼 눈을 감았습니다.

"아, 난 행복해."

이때 마야는 꽃의 벽 너머에서 풍뎅이가 요란하게 떠들어 대는 소리를 들었습니다.

"야, 이 녀석아!"

'쿵쿵, 쾅쾅' 하고 떠들썩한 소리가 들렸습니다.

'왜 그럴까?'

마야는 불안해졌습니다.

"가겠어! 갈 테야. 가면 되잖아."

누군가가 그렇게 말하고 있었습니다.

"그래, 썩 나가거라. 이 좀도둑 같은 놈아!"

"내가 혼자 있을 때 실컷 으스대렴. 하지만 내가 친구들을 많이 데리고 오면 너 같은 건 꼼짝도 하지 못할걸."

마야는 이렇게 고함치는 소리를 듣자, 도대체 누굴까 하고 궁금했습니다. 바삭바삭거리는 거친 소리를 내며 누군가가 나가는 모양이었습니다.

이윽고 풍뎅이가 시무룩한 얼굴로 들어오더니 들고 온 꿀 덩어리를 집어던지며 "정말 괘씸한 놈 같으니라고" 하고 화를 내는 것이었습니다.

마야는 배가 몹시 고팠기 때문에 고맙다는 인사도 미처 하지 못한 채 꿀을 한 모금 빨았습니다. 풍뎅이는 이마에 흐르는 땀을 훔치고 있었습니다.

"도대체 누가 온 거예요?"

마야가 꿀을 입안에 넣은 채 물었습니다.

"우선 입안에 든 꿀이나 삼키고 나서 말하렴. 무슨 말을 하는지 도무지 알아들을 수가 없군."

"어머나, 미안해요."

마야는 창피한 생각이 들어 급히 꿀을 삼켜 버렸습니다. 풍뎅이는 아직도 화가 가시지 않았는지 흥분해 있었습니다.

"정말 괘씸한 개미 녀석이야. 어찌나 시끄러운지 견딜 수 있어야지. 허락도 없이 멋대로 남의 창고에 들어온단 말이야. 염치도 없이. 좀도둑이나 다를 게 없지 뭐야."

"개미……라고요? 저는 아직 개미가 뭔지는 모르지만, 그런 짓을 하면 나쁘다는 건 알고 있어요."

"그 녀석들은 아무 데고 멋대로 들어와서는 남의 것을 가져간단 말이야. 그러면서 저희들은 부지런하다느니 어쩌고저쩌고 하니 이거야 원……."

"참 잊고 있었군. 내 이름은 페피라고 한단다. 그러니 앞으로 페피라고만 부르도록 해."

"저는 마야라고 해요. 잘 부탁하겠어요."

페피란 풍뎅이는 두 개의 더듬이를 작은 부채처럼 펴 보였습니다. 그것은 제법 멋있는 것이었습니다.

"어머나, 정말 훌륭한 더듬이를 가지셨네요."

마야가 감탄하자, "뭐, 대단하다고?" 그러면서도 좋은지 은근하게 여간 우쭐대는 것이 아니었습니다.

"이건 나도 무척 소중히 여기는 거란다."

"멋지네요. 제 더듬이는 보기에도 초라하니까요."

"하기야 누구나 한 가지는 좋은 게 있는 법이니까."

제6회 문제

※ 해답은 258쪽에

1 무슨 말을 듣자 마야는 겨우 마음을 놓았는가?
답 :

2 풍뎅이 부인이 물을 마시지 않는 이유는 무엇인가?
답 :

3 마야는 누구의 가르침이 생각났는가?
답 :

4 마야는 풍뎅이의 기분을 돌리려고 무엇에 대해 물어봤는가?
답 :

5 옛 속담에 무엇을 보면 그 사람의 값어치를 알 수 있다고 했는가?
답 :

6 풍뎅이가 벽 뒤쪽으로 간 이유는 무엇인가?
답 :

7 마야는 무엇과 무엇으로 꽃잎 커튼을 밀었는가?
답 :

8 마야는 창피한 생각에 무엇을 급히 삼켰는가?
답 :

9 허락도 없이 남의 창고에 들어온 것은?
답 :

10 풍뎅이의 이름은?
답 :

읽은 시간	집중도	이해도(점수)	1분간 본 글자 수
분 초		%(점)	자

문제 풀기 훈련 ❼ - 1,680자

"어이, 피유 미슈."
귀에 익은 굵고 쉰 목소리가 가까이에서 들렸다.
"왜 그래, 마르슈."
"놈들 정말로 여기서 잠을 자지 않나. 하지만 가아가 화내지 않을까."
"그야 화를 내겠지."
마차가 조용히 움직였다. 피유 미슈가 마차의 막대를 잡아당긴 것이다. 안에 있는 프랑쉬느는 깜짝 놀랐으나 숨을 죽이고 가만히 있었다.
"그렇지, 놈들에게 술을 더 먹여야지."
그렇게 말하고 피유 미슈가 달려갔다. 이때다! 프랑쉬느는 마차에서 밖으로 뛰어나왔다.
"피에르!"
그리운 이름으로 불린 마르슈 아 티르는 한순간 움찔했으나 기쁜 듯이 프랑쉬느의 얼굴을 쳐다보았다.
"부탁해요! 여기 있는 사람들은 도대체 뭘 하는 거죠! 당신은 어째서 숨어 다니는 거죠?"
잠시 프랑쉬느의 얼굴을 바라보던 마르슈 아 티르는 "좋아, 네게는 다 말해 주지. 그런데 네가 시중들고 있는 저 여자는 정말로 베르누유 양이야?" 하고 물었다.
프랑쉬느는 눈을 내리깔고 고개를 갸우뚱했다.
"그것 봐! 그 여자는 가아를 적의 손에 넘겨주려 하고 있어."
"피에르! 나는 아무것도 몰라요. 그렇지만 저 아름답고 고상한 아가씨가 내 은인이라는 것만은 잘 기억해 둬야 해요."
"좋아, 알았어."
"정말 부탁이에요. 나와 내 은인을 위해서 최선을 다하겠다고 약속해 줘요."
프랑쉬느는 진심이었다. 그 눈을 들여다보고 있던 마르슈 아 티르는 "좋아!" 하고 말하면서 힘차게 고개를 끄덕였다.
"네가 저 여자를 집 안에 붙잡아 둘 수만 있다면 살 수 있을 거야. 그러나 그렇게 할 수 없다면 나도 어쩔 수 없다는 걸 명심해. 참 또, 무서워하고 있는 듯이 보여서도 안 돼."

"고마워요, 피에르."
프랑쉬느가 울먹이는 소리로 말했다.
마르슈 아 티르는 건물 중앙의 입구에서 제랄 소령과 메르루 대위가 들어가는 것을 흘깃 쳐다보았다. 두 사람의 장교는 입구 앞에서 잠시 얼굴을 마주 보고 서 있었다.
"우리가 이들을 믿고 방 안으로 들어가서 식사 대접을 받아도 좋을 것인지, 아니면 병사들이 있는 곳에 함께 있는 게 좋을는지 잘 모르겠습니다."
메르루 대위는 정원 한가운데에서 사과술이 든 커다란 통을 둘러싸고 식사를 하고 있는 군인들 쪽을 돌아보았다.
"들어가지!"
제랄 소령의 한마디로 두 사람은 건물 안으로 들어갔다. 홀로 들어가자 제랄 소령은 그곳에 모여 있는 사람들은 날카로운 눈으로 둘러보았다. 그러다가 마리 베르누유 양의 모습이 눈에 띄자 그곳으로 다가갔다.
"서둘러서 이곳을 떠나는 것이 좋을 것 같습니다. 아무래도 안전하지 못한 것 같습니다."
"아니에요, 마이에누보다는 훨씬 안전합니다."
마리는 무척 즐거운 듯이 웃으면서 두 사람의 장교를 테이블로 안내했다. 사람들은 닳아빠진 청색의 군복을 보았다.
"보십시오. 군복조차 모든 물자가 부족하다는 것을 말해 주고 있지 않습니까."
낮은 말 소리가 두 사람의 장교 귀에도 들렸다. 그런데 그때 계속 함께 여행해 온 젊은이가 모든 사람에게 눈짓으로 무슨 신호를 보내는 것을 메르루 대위는 재빨리 훔쳐보았다. 무슨 이야기를 나누고 있던 사람들도 입을 다물고 은제 포크를 집어 들었다.
제랄 소령과 메르루 대위는 테이블 앞에 앉은 채 한 사람 한 사람의 얼굴과 복장들을 바라보고 있었다. 보면 볼수록 의심이 깊어질 뿐이었다.
'위험하다!'
메르루 대위는 옆에 있는 제랄 소령의 얼굴을 봤다. 그때 한 사나이가 들어와서 테이블 끝에 앉아 있는 사나이의 귀에 입을 대고 무언가 한마디 속삭였다. 그러자 고개를 끄덕이던 사나이가 옆에 있는 사람에게 얼굴을 가까이 대고는 무언가를 소곤거렸다. 그러자 또 그 사나이가 옆 사람에게 소곤거렸다. 그 얼굴에 기분 나쁜 웃음이 떠올랐다. 그리고 규아 부인의 귀로 입을 가까이 가져갔다.

"좋겠지요."라고 단 한마디를 던진 부인의 눈에는 무엇에도 비길 수 없는 즐거운 빛이 떠올랐다.

규아 부인은 가아의 귀로 얼굴을 가까이 가져갔다.

모든 사람의 눈이 일제히 가아에게로 쏠렸다.

별안간 얼굴빛이 변한 젊은 얼굴에 심한 분노가 폭발했다.

"뭐라고요! 그, 그게, 그게 정말입니까?"

가아의 눈에 핏발이 섰다. 제랄 소령은 자신도 모르게 벌떡 일어섰다.

"안 돼! 내 명예를 위해서도 안 돼!"라고 가아가 소리쳤을 때 갑자기 밖에서 요란한 총소리가 들려왔다.

"앗! 일제 사격이다……."

제랄 소령과 메르루 대위는 창문 쪽으로 뛰어갔다.

"앗!"

두 사람의 장교는 그 자리에 우뚝 선 채 움직이지를 못했다. 사방에서 한꺼번에 일제 사격을 받은 파랭이의 병사들은 괴로운 비명을 지르면서 피바다 가운데로 쓰러져 갔다. 그 가운데에서 다시 일어서려는 2, 3명의 검은 그림자를 향해서 또다시 요란한 총소리가 계속 울렸다. 얼마 후 고요가 찾아왔다.

제랄 소령이 눈을 치뜨면서 가아를 쏘아봤다.

"무슨 짓인가! 저들을 저렇게 무자비하게 죽이다니…… 비겁하다!"

그 목소리는 떨리고 눈물에 젖어 있었다.

"루이 16세가 학살된 것과 마찬가지지!"

굵은 목소리가 멀리서 대꾸했다.

"국왕의 재판에는 너희들이 모르는 비밀이 있었어!"

제7회 문제

※ 해답은 259 쪽에

1 마차의 막대를 잡아당긴 것은 누구인가?

답 :

2 놈들에게 무엇을 먹이려 하는가?

답 :

3 마차에서 밖으로 뛰어나온 것은?

답 :

4 두 장교의 이름은?

답 :

5 두 장교를 테이블로 안내한 사람은?

답 :

6 메르루 대위가 재빨리 훔쳐본 것은?

답 :

7 규아 부인은 누구의 귀로 얼굴을 가까이 했는가?

답 :

8 별안간 얼굴빛이 변한 젊은이의 얼굴에 일어난 현상은?

답 :

9 가아가 소리쳤을 때 밖에서 무슨 소리가 들려왔나?

답 :

10 마치 누가 학살된 것과 같은가?

답 :

읽은 시간	집중도	이해도(점수)	1분간 본 글자 수
분 초		%(점)	자

문제 풀기 훈련 ❽ - 1,488자

마리아는 자기가 하지 않으면 안 되는 일이 있다는 것을 새삼스레 강하게 느꼈다.

'그렇다! 이 '죽음의 도시'에, 아니 기계의 대도시 메트로폴리스에 하느님의 심판 날이 드디어 온 것이다!'

그렇게 생각하니까 떨리는 가슴에는 기쁨과 희망의 빛이 가득 넘쳤다.

바로 그즈음, 쏟아지는 아침 햇살이 대도시의 새벽을 빨갛게 물들이고 있었다. 그 속에 시꺼먼 사람의 물결이 일렁이고 있었다.

"기계를 재판하자!"

"기계를 죽여라!"

대군중의 외침이 하나의 커다란 리듬이 되어 계속 전진하고 있었다.

한 줄에 12명씩 늘어선 사람들의 옷은 모두가 다 똑같았다. 사람들은 거무죽죽하고 땟물이 줄줄 흐르는 후줄근한 베옷에 차양 없는 검은 모자를 쓰고 있었다. 언제나 고개를 푹 숙이고 묵묵히 걷고 있었지만 오늘은 달랐다. "때려 부숴라!", "쳐부숴라!" 하고 함께 외치면서 힘차게 전진한다.

그 대군중 속에 한 소녀가 "오른쪽! 왼쪽!" 하고 소리치면서 앞장서서 걸어가고 있다. 대행진의 검은 물결은 그 소녀의 말 한 마디 한 마디에 따라 오른쪽, 왼쪽으로 움직인다.

그러나 그 방향은 '바벨 탑' 쪽이었다. 대군중의 거센 물결은 사방에서 바벨 탑으로 몰려들고 있었다. 이 대폭동을 메트로폴리스의 왕 프레데르센은 모르고 있는 것일까. 대군중이 목표로 삼는 '대기계실'에는 그것을 알아내는 장치가 없는 것일까.

대기계실은 메트로폴리스의 바벨 탑 지하실 안에 있다. 프레데르센은 그곳을 '백색의 넓은 홀'이라고 부르고 있었다.

거기에는 은빛으로 빛나는 수많은 톱니바퀴들이 원반처럼 회전하고 있었다. 그 원반들을 하나하나 조사해 보고 나서 "이상 없음!" 하고 소리를 지르는 사나이가 있었다. 프레데르센이 특별히 사랑하는 그로트다.

새벽녘, 그 그로트의 낯빛이 변했다. 그동안 멎었던 일이 단 한 번도 없었던 커다란 시계의 바늘이 멈춘 것이다. 자신이 분명 서 있는 발밑이 쿵! 하고 흔들리는 것 같았다.

'이상한데! 이것이 만약 사실이라면 메트로폴리스의 어딘가가 무너지고 있는 것이다.'

그로트는 고개를 갸웃거렸다.

바벨 탑이 소리를 내며 진동해도 대기계실은 꿈적도 하지 않았다. 백색의 넓은 홀

가득히 회전하고 있는 크고 작은 톱니바퀴 속에 있으면 바벨 탑이 진동해도 잘 모를 정도이다. 그로트는 그것을 알기 위해서 큰 시계의 바늘을 보는 것이 습관으로 굳어져 있었다.

지령실에서 프레데르센이 명령의 단추를 누르는 시간은 항상 똑같이 정해져 있었다. 그런데 지금은 그 시간이 아니다.

"무슨 일이 일어났는가?"

프레데르센의 말소리가 들렸다.

그로트는 밖을 내다보는 단추를 눌렀다.

"앗!"

큰 소리를 지른 그로트는 눈을 비비며 다시 보았다. 도저히 믿을 수 없는 광경이 화면에 가득 나타났다.

"엇, 저건 뭐야!"

대군중의 선두에 서서 걷고 있는 소녀의 모습을 보고 그로트는 소리쳤다.

"폭동!"

자신도 모르게 소리를 질렀다. 믿을 수 없는 일이다. 노동자들의 모습은 여느 때와는 달랐다.

"기계의 재판이다!" "기계를 죽여라!" "부숴라! 부숴라!" 하고 부르짖는 소리가 다이얼을 조절하자 모두 똑똑히 들려왔다.

"설마……."

그로트는 이제까지 한 번도 돌아다본 일조차 없는 곳으로 눈을 돌렸다. 메트로폴리스에 위험이 닥쳤을 때에만 점멸하는 빨간 램프가 켜졌다 꺼졌다를 반복하고 있는 것이 아닌가.

"왜 그걸 깨닫지 못했을까……."

그로트는 "좋아!" 하고 중얼거리더니 전체의 기계를 움직이는 핸들을 '안전' 이라고 쓰인 데까지 가져와서 꾹 눌렀다. 그때 입구의 두꺼운 철문이 쾅, 쾅, 쾅 하고 요란한 소리를 내었다.

"왔구나! 좋아, 두고 보자!"

그로트는 '모두 열림' 이라고 쓰여 있는 핸들 앞에 와서 빙긋 웃었다. 그 표정으로 보아 무언가 의미가 있는 듯하다.

"프레데르센 님의 명령이 내려지면 곧 '죽음의 도시' 에다 떨어뜨려 주겠다."

그러나 이제나 저제나 하고 기다리고 있는 신호는 도무지 소식이 없다.

"나에게 모든 것을 맡기신 모양이지?"

그로트는 스스로 그렇게 단정 짓고, '모두 열림' 이라고 쓰인 핸들에 손을 얹었다. 그 순간 '백색의 넓은 홀' 의 둥근 천장 유리가 번쩍, 번쩍, 번쩍 하고 세 번 하얗게 빛났다.

"앗, 프레데르센 님의 신호다!"
그로트는 소리를 듣는 스위치를 넣었다.
"예, 예, 저는 여기 있습니다."
프레데르센의 모습이 보이지 않는데도 그로트는 굽실굽실 머리를 조아렸다.
"그로트, 입구의 문을 열어!"
"옛!"
뜻밖의 명령에 그로트는 자신의 귀를 의심했다.

제8회 문제

※ 해답은 259 쪽에

1 대군중의 거센 물결은 어느 쪽으로 몰려들고 있는가?

답 :

2 대군중이 목표로 삼은 것은?

답 :

3 바벨 탑 지하실 안의 그곳을 백색의 넓은 홀이라고 부르는 사람은 누구인가?

답 :

4 프레데르센이 특별히 사랑하는 사람은?

답 :

5 그로트가 대군중의 선두에 서 있는 누구를 보았는가?

답 :

6 메트로폴리스에 위험이 닥쳤을 때 나타나는 현상은?

답 :

7 그로트는 무엇이라고 쓰인 핸들 앞에서 웃었는가?

답 :

8 프레데르센의 명령이 떨어지면 어디에다 떨어뜨리는가?

답 :

9 둥근 천장 유리가 몇 번 빛났는가?

답 :

10 대도시의 새벽을 물들인 것은?

답 :

읽은 시간	집중도	이해도(점수)	1분간 본 글자 수
분 초		%(점)	자

문제 풀기 훈련 ⑨ - 1,810자

격투가 벌어졌다. 싸움은 계속되었다. 그 바람에 포도주병이 마룻바닥에 떨어졌다. 둘은 씩씩거리면서 어두 컴컴한 속에서도 서로 마주 보며 노려보았다.

"여보시오, 함부로 마시거나 먹어 치우면 어떻게 되는 것쯤은 잘 알 것 아니오. 도망갈 수 있는 기회가 와도 도망칠 기운조차 없게 되는 거요. 지금부터라도 하루에 얼마씩만 먹고 마시겠다는 걸 결정합시다."

나는 이렇게 목사를 타일렀다.

그러나 다음 날, 내가 잠자고 있는 동안에 목사는 또다시 멋대로 빵을 먹으려고 했다. 이런 일로 해서 나는 마음 놓고 잠을 잘 수가 없었다.

여드레가 되자, 목사는 예사로 큰 소리로 떠들어 대기 시작했다. 나는 그냥 둘 수 없어 몇 번이고 타이르고, 때로는 큰 소리로 꾸짖기도 했다.

이렇게 둘이서 한창 다투고 있을 때였다. 별안간 바깥쪽에서 벽의 흙이 와르르 떨어지는 소리가 났다. 그때 벽이 갈라진 틈으로 언뜻 보이는 것은, 천천히 이쪽으로 다가오고 있는 금속의 발이었다.

"으악!"

나는 넋을 잃고 눈을 휘둥그렇게 뜬 채 그 자리에 얼어붙은 듯이 서버렸다. 그러자 그놈의 얼굴 부분이 내 눈 앞으로 왔다. 자세히 보니, 그 얼굴인 듯한 곳에 붙은 유리판 같은 것을 통해, 진짜 화성인의 얼굴과 거무스름하고 커다란 눈이 이쪽을 지켜보고 있었다. 그 눈초리는 해파리처럼 흐느적거리는 놈으로는 보이지 않을 만큼 매서운 데가 있었다.

나는 재빨리 몸을 숨겼다. 그러자 금속의 뱀같이 생긴 더듬이가 하나 집 안을 더듬듯이 꿈틀꿈틀 뻗어 오기 시작했다. 1미터, 또 1미터. 더듬이는 방 안으로 미끄러져 들어와 징그럽게 꿈틀거리며 이리저리 몸부림을 치고 있었다.

나는 부엌으로 달아나 숨을 죽였다. 몸이 떨려서 가만히 서 있을 수가 없었다. 그러다가 겨우 석탄 창고의 문을 열고 컴컴한 어둠 속으로 뛰어들었다. 그리고 문간에서 새어드는 희미한 빛으로 부엌 쪽을 기웃거리며 귀를 기울였다. 집 안에서는 느릿느릿 움직이고 있는 것이 가끔 벽에 부딪치기도 하고 가냘픈 금속이 부딪치는 소리를 내기도 했다. 그 소리로 미루어 보아 목사가 더듬이에 붙잡힌 것을 알 수 있었다.

나는 석탄 창고의 문을 잠그고 석탄 속으로 파고들어가 몸을 숨겼다. 더듬이가 꿈틀거리며 이쪽으로 가까이 오고 있었다. 나는 하느님께 비는 수밖에 다른 도리가 없었다.

'하느님, 제발 도와주십시오.'

석탄 창고의 문을 더듬는 소리가 났다.

'들켰구나.'

나의 이마에서는 식은땀이 주르르 흘렀다. 문을 덜컥덜컥 흔드는 소리가 났다. 문이 열리면서 코끼리의 코 같은 것이, 어둠 속에서 흔들거리며 뻗어 왔다. 순식간에 천장을 더듬고 당장이라도 내 몸뚱이에 닿을 듯이 다가왔다. 그것은 눈도 없는 검은 고구마벌레같이 생겼다. 머리를 앞뒤로 흔들흔들 움직이며 다가오더니 마침내 내 발꿈치에 닿았다.

'이젠 죽었다.'

내가 이렇게 생각한 순간, 더듬이를 옆으로 뻗어 저쪽으로 움츠러들었다. 그리고는 쨍그랑하는 소리가 났다. 석탄 창고에서 나가 버린 것이다.

'고마워라!'

그러나 그것은 나의 착각이었다. 더듬이는 또 한 번 뻗어 오더니 다시 석탄 창고 안으로 들어왔다. 꼼꼼하게 구석구석까지 쓰다듬고는 두드려 보기까지 한다. 그런가 하면 석탄 속에 파고들기도 하고, 벽에 바싹 달라붙어 있는 나에게서 2, 3센티미터 떨어진 곳을 더듬었다.

'앗! 또 움츠러들었다.'

이번에는 식료품이 놓여 있는 근처를 더듬어 비스킷 통을 땡그랑! 하고 떨어뜨리고 포도주병을 깨뜨렸다. 그러기를 한참 반복하고 그놈은 겨우 집 밖으로 멀어져 가고, 주위가 금방 조용해졌다.

나는 가슴을 쓸어 내렸다. 그러나 '가만있어. 언제 또 그놈이 되돌아올지 몰라.' 이렇게 생각하자 안심할 수가 없었다. 나는 그날 종일 컴컴한 석탄 창고 속에 처박혀 있었다. 꼼짝도 하지 않았다. 큰마음을 먹고 석탄 창고에서 나온 것은 그로부터 이틀 뒤인 열 하루째의 일이었다. 생각한 대로 목사는 없었다. 먹을 것이라고는 빵 한 조각, 포도주 한 방울도 없었다.

나는 열 하루째도, 열 이틀째도 마시지도 먹지도 않고 지냈다. 입이 마르고 몸에서 힘이 빠졌다.

열 이틀째 저녁이 되자, 나는 화성인에게 들키든지 말든지 될 대로 되라는 배짱이 생겼다. 그래서 빗물을 받아 둔 물통 옆에 가서 펌프질을 해 빗물을 두 컵 따라 마셨다. 물은 검게 흐려 있었지만 그 맛은 기가 막힐 정도였다. 펌프 소리가 나도 화성인이 나타나지 않는 것을 보고 나는 꽤 대담해졌다.

열 사흘째. 빗물을 마신 뒤 나는 꾸벅꾸벅 졸면서 먹을 것에 대한 생각을 했다. 여기서 어떻게 탈출할 것인지에 대한 계획도 결코 잊지 않고 있었다.

열 나흘째. 부엌에 들어가 보고 나는 깜짝 놀랐다.

빨간 풀의 잎이 벽 틈을 메우고 바깥에서 비치는 빛을 받아 근방이 새빨갛게 물들어 있었다. 어쩌면 이렇게도 빨갛단 말인가! 도저히 이 세상의 것이라고는 생각할 수가 없었다.

보름째 되던 날이었다. 아침에 나는 이상한 소리를 들었다. 보통 때 같으면 아무것도 아닌 이야기지만, 이 빈집 옆에서 한 마리의 개가 코를 킁킁거리고 냄새를 맡으며 발로 땅을 파고 있는 듯했다.

내가 부엌으로 가 보니 빨간 풀에 파묻힌 틈으로 틀림없는 개 한 마리가 보였다.

'이 개는 어떻게 여태까지 살아남았을까?'

나는 궁금해서 견딜 수가 없었다.

나를 보자 개는 한 번 짖더니 곧 어디론가 숨어 버렸다.

제9회 문제

※ 해답은 259 쪽에

1 싸움이 계속되자 바닥에 떨어진 것은 무엇인가?

답 :

2 내가 마음을 놓고 잘 수 없는 이유는 무엇인가?

답 :

3 싸울 때 갈라진 틈으로 다가오고 있는 것은 무엇인가?

답 :

4 더듬이에 붙잡힌 것은 무엇인가?

답 :

5 그것은 마치 눈도 없는 무엇처럼 생겼는가?

답 :

6 그날 주인공은 하루 종일 어디에 처박혀 있었는가?

답 :

7 주인공이 배짱이 생긴 날은 몇 번째 날이었는가?

답 :

8 주인공이 펌프질을 해 먹은 것은 무엇인가?

답 :

9 열 나흘째 어디에 가서 나는 놀랐는가?

답 :

10 빨간 풀에 파묻힌 틈으로 보인 것은 무엇인가?

답 :

읽은 시간	집중도	이해도(점수)	1분간 본 글자 수
분 초		%(점)	자

문제 풀기 훈련 ⑩ - 1,465자

마침내 헬렌이 이 집에서 묵는 마지막 밤이 왔다. 아이들이 차를 마신 뒤 급히 '푸른 방' 으로 올라가자, 헬렌은 금방 속달 우편으로 온 상자를 열고 있는 참이었다.

"이건 '안녕의 사자' 란다. 모두들 한 줄로 서렴. 그리고 내가 이렇게 손을 뒤로 돌릴 테니 차례로 왼쪽이든 오른쪽이든 원하는 대로 골라서 말하려무나."

헬렌이 웃으면서 말했다. 그래서 모두들 '나는 왼쪽, 나는 오른쪽' 하고 제각기 생각나는 대로 말했다. 그러자 헬렌은 그 때마다 마치 요정처럼 베개 밑에서 한 명 한 명에게 무엇인지 예쁜 것을 꺼내 주는 것이었다.

먼저 케티가 받았다. 그것은 헬렌이 가졌던 것과 거의 다름이 없는 아름다운 꽃병이었다.

"아아, 신난다. 저 평생토록 소중히 간직하겠어요."

케티는 이렇게 말하면서 꽃병을 꼭 껴안았다.

다음은 크로버였는데, 크로버의 것은 자색의 지갑이었다. 마침 지갑을 잃어버렸던 참이었으므로 크로버로서는 무엇보다도 반가운 물건이었다.

다음에는 벨벳 리본이 달린 예쁘장한 로켓 모양의 목걸이가 나왔다. 헬렌은 이것을 직접 에르지의 목에 걸어 주었다.

"그 로켓 안에는 내 머리카락이 약간 들어 있단다."

이렇게 말하자 에르지는 그만 흐느끼며 고개를 떨구는 것이었다.

"아니, 왜 그러니? 그렇게 울다니?"

"저는 너무너무 기뻐서. 하지만 언니는 이제 가 버리고 마는걸요."

이러면서 에르지는 더욱 흐느껴 울었다.

사내아이인 도리에게는 도미노 게임, 조아나에게는 혼자서 놀 수 있는 게임 세트, 막내 필에게는 그림책을 주었다. '도적과 고양이의 일생' 이라는 것이었다.

헬렌은 눈이 휘둥그레진 필을 보고 웃으면서 다정하게 말했다.

"너는 도둑이 언젠가 네 방에 들어와 슬리퍼를 씹어 먹었다고 했지?"

이 말에 모두들 까르르 웃었다. 그 가운데서도 가장 배꼽을 쥐며 웃은 아이는 이 책을 받은 필 자신이었다. 또한 헬렌은 아빠에게는 노트, 이지 고모에게는 상아의 장식이 달린 액자를 선물했다. 그리고 세시에게도 용감한 일이나 착한 일을 한 소년 소녀들의 이야기를 모은 '훌륭한 아이들' 이라는 책을 선물했다.

세시는 헬렌과 사촌은 아니었지만 카아 집에서는 친척이나 다름없이 지내고 있었기 때문이었다.

드디어 이튿날은 슬픈 이별의 날이었다. 마차가 집 앞에서 떠났다. 아이들은 모두 대문 앞에 서서 손수건을 흔들었다. 마차가 보이지 않게 되자 케티는 뒤쫓듯이 달려가며 혼자 울었다. 그리고 울면서 생각했다.

'아빠는 내게 헬렌 언니처럼 되라고 하셨어……. 천년이 걸려도 못 될지 모르지만 공부하고, 무엇이든지 깨끗이 정리도 하고, 어린아이들에게는 친절히 대해 줘야지.'

케티의 사고

'나는 정말 내일부터 꼭 그렇게 할 거야. 헬렌 언니처럼 돼야 하니까.'

그날 밤, 잠자리에 들고 나서도 케티는 그 생각뿐이었다. 천사처럼 훌륭한 소녀가 되겠다고 결심한 것이다.

그런데 이튿날 아침, 눈을 뜨자 천사이기는커녕 곰처럼 용맹스러워지고 말았다.

우선 첫째로, 바로 어제 헬렌으로부터 받은 그 소중한 꽃병을 깨뜨리고 만 것이다. 장롱 위에는 움직이는 거울이 달려 있었다. 아침에 일어난 케티가 머리를 빗으려 했을 때 거울에 자기 얼굴이 잘 비치지 않았다. 화가 나서 힘껏 그 거울의 한

쪽을 미는 순간 거울 끝이 꽃병에 닿아 바닥으로 떨어져 그만 깨지고 말았다.

케티는 방바닥에 주저앉아, 마치 막내둥이 필이 울듯이 엉엉 울었다. 울음소리를 듣고 이지 고모가 달려와서 어이가 없는 듯한 얼굴로 깨진 꽃병 조각을 주워 모았다.

"정말 어쩌자고 그러니. 평생은 커녕 하루도 못 가서 깨뜨리고 말다니. 자아, 그런 데서 울지만 말고, 어서 아침 식사나 하거라."

케티는 훌쩍거리며 잔뜩 골이 난 채 식탁에 앉았다. 그러는 사이에도 이지 고모의 잔소리는 계속되었다. 모두들 식사가 제대로 될 리 없었다.

아빠인 카아 박사가 그런 아이들의 기분을 달래듯이 말했다.

"너희들 오늘은 무슨 놀이를 할 셈이냐?"

"그네 타기!"

말이 끝나기가 무섭게 조아나와 도리가 동시에 대답했다. 그러자 고모가 어림도 없다는 듯이 말했다.

"내일까진 타면 안 돼요. 내가 허락할 때까지는……."

두 아이는 그만 풀이 죽어 버렸다. 사실 그네는 지금 쇠고리가 망가져 하인인 알렉산더에게 새것으로 갈아 두도록 일러 놓았기 때문이다. 그러나 그 이유를 고모는 뚜렷하게 밝혀 주지 않았다.

제10회 문제

※ 해답은 259 쪽에

1 아이들이 차를 마신 뒤 급히 뛰어간 곳은?

답 :

2 크로버가 받은 것은?

답 :

3 케티가 받은 것은?

답 :

4 에르지가 받은 것은?

답 :

5 도리가 받은 것은?

답 :

6 이지 고모가 받은 것은?

답 :

7 아빠는 내가 누구처럼 되라고 하셨나?

답 :

8 케티는 천사처럼 훌륭한 소녀가 되겠다고 결심하고 잤는데, 이튿날 아침에 일어나 보니 어떻게 되어 있었나?

답 :

9 아빠가 헬렌에게 받은 선물은?

답 :

10 카아 박사는 누구인가?

답 :

읽은 시간	집중도	이해도(점수)	1분간 본 글자 수
분 초		%(점)	자

이해 평가 훈련 2단계 : 문제 풀기 해답

❶회

1. 팔라디온 상
2. 오디세우스
3. 목마
4. 라오콘
5. 프리아모스
6. 2마리
7. 목마 속에 장병을 숨겨 성안으로 들어간다.
8. 2명
9. 한밤중
10. 오디세우스

❷회

1. 프람하임
2. 테라 노바 호
3. 1773년
4. 1월
5. 2월 14일
6. 900m
7. 약 110km
8. 아문센
9. 로스 섬
10. 3톤

❸회

1. 손
2. 강물이 끓고 있어서
3. 물
4. 화성인
5. 목사
6. 역
7. 화성인과 전투 중이기 때문
8. 30미터
9. 5개의 둥근 통
10. 런던의 서남부

❹회

1. 케브네카이세의 아카
2. 닐스 홀게르손
3. 시이시이
4. 흰 거위 몰텐
5. 여우와 족제비
6. 호숫가에서 조금 떨어진 얼음 위
7. 난쟁이
8. 기슭
9. 너도밤나무 숲 속
10. 꼬리

❺회

1. 절름발이
2. 피터
3. 경찰
4. 모퉁이
5. 2명
6. 나이트클럽
7. 2명
8. 구두
9. 열쇠가 걸린 작은 함석 상자
10. 110매

❻회

1. 이슬방울

2. 신장이 나빠서

3. 카산드라

4. 꽃

5. 사는 집

6. 맛있는 꿀을 꺼내려고

7. 볼과 작은 손

8. 꿀

9. 개미

10. 페피

❼회

1. 피유 미슈

2. 술

3. 프랑쉬느

4. 제릴 소령과 메르루 대위

5. 마리

6. 함께 여행 온 젊은이가 모든 사람에게 눈짓하는 것

7. 가아

8. 심한 분노

9. 요란한 총소리

10. 루이 16세

❽회

1. 바벨탑

2. 대기계실

3. 프레데르센

4. 그로트

5. 소녀

6. 점멸하는 빨간 램프가 켜졌다가 꺼짐

7. 모두 열림

8. 죽음의 도시

9. 세 번

10. 아침 햇살

❾회

1. 포도주병

2. 목사가 자는 동안 빵을 먹으려 해서

3. 금속의 발

4. 목사

5. 고구마벌레

6. 석탄 창고

7. 열 이틀째 저녁

8. 빗물 두 컵

9. 부엌

10. 개

❿회

1. 푸른 방

2. 자색 지갑

3. 꽃병

4. 벨벳 리본이 달린 예쁘장한 로켓 모양의 목걸이

5. 도미노 게임

6. 상아의 장식이 달린 액자

7. 헬렌 언니

8. 곰처럼 용맹스러워졌다

9. 노트

10. 아빠

이해 평가 훈련 실행 기록표 1

번호	책 제목	총 글자 수	속독 시간	1분간 본 속도	집중도
1					
2					
3					
4					
5					
6					
7					
8					
9					
10					
11					
12					
13					
14					
15					
16					
17					
18					
19					
20					
21					
22					
23					
24					
25					
26					
27					
28					
29					
30					
31					
33					
34					
35					
36					
37					
38					
39					
40					

* 이제 각자가 준비한 책으로 연습해 봅시다.

이해 평가 훈련 실행 기록표 2

번호	책 제목	총 글자 수	속독 시간	1분간 본 속도	집중도
1					
2					
3					
4					
5					
6					
7					
8					
9					
10					
11					
12					
13					
14					
15					
16					
17					
18					
19					
20					
21					
22					
23					
24					
25					
26					
27					
28					
29					
30					
31					
33					
34					
35					
36					
37					
38					
39					
40					

이해 평가 훈련 실행 기록표 3

번호	책 제목	총 글자 수	속독 시간	1분간 본 속도	집중도
1					
2					
3					
4					
5					
6					
7					
8					
9					
10					
11					
12					
13					
14					
15					
16					
17					
18					
19					
20					
21					
22					
23					
24					
25					
26					
27					
28					
29					
30					
31					
33					
34					
35					
36					
37					
38					
39					
40					

이해 평가 훈련 실행 기록표 4

번호	책 제목	총 글자 수	속독 시간	1분간 본 속도	집중도
1					
2					
3					
4					
5					
6					
7					
8					
9					
10					
11					
12					
13					
14					
15					
16					
17					
18					
19					
20					
21					
22					
23					
24					
25					
26					
27					
28					
29					
30					
31					
33					
34					
35					
36					
37					
38					
39					
40					

이해 평가 훈련 실행 기록표 5

번호	책 제목	총 글자 수	속독 시간	1분간 본 속도	집중도
1					
2					
3					
4					
5					
6					
7					
8					
9					
10					
11					
12					
13					
14					
15					
16					
17					
18					
19					
20					
21					
22					
23					
24					
25					
26					
27					
28					
29					
30					
31					
33					
34					
35					
36					
37					
38					
39					
40					

이해 평가 훈련 실행 기록표 6

번호	책 제목	총 글자 수	속독 시간	1분간 본 속도	집중도
1					
2					
3					
4					
5					
6					
7					
8					
9					
10					
11					
12					
13					
14					
15					
16					
17					
18					
19					
20					
21					
22					
23					
24					
25					
26					
27					
28					
29					
30					
31					
33					
34					
35					
36					
37					
38					
39					
40					

이해 평가 훈련 실행 기록표 7

번호	책 제목	총 글자 수	속독 시간	1분간 본 속도	집중도
1					
2					
3					
4					
5					
6					
7					
8					
9					
10					
11					
12					
13					
14					
15					
16					
17					
18					
19					
20					
21					
22					
23					
24					
25					
26					
27					
28					
29					
30					
31					
33					
34					
35					
36					
37					
38					
39					
40					

이해 평가 훈련 실행 기록표 8

번호	책 제목	총 글자 수	속독 시간	1분간 본 속도	집중도
1					
2					
3					
4					
5					
6					
7					
8					
9					
10					
11					
12					
13					
14					
15					
16					
17					
18					
19					
20					
21					
22					
23					
24					
25					
26					
27					
28					
29					
30					
31					
33					
34					
35					
36					
37					
38					
39					
40					

2011. 6. 13. 1판 1쇄 발행
2012. 10. 3. 1판 5쇄 발행
2013. 6. 30. 2판 1쇄 발행
2015. 8. 20. 2판 4쇄 발행
2016. 11. 10. 2판 5쇄 발행
2017. 10. 20. 2판 6쇄 발행
2020. 8. 28. 2판 7쇄 발행

저자와의 협의하에 검인생략

지은이 | 정진화
펴낸이 | 이종춘
펴낸곳 | BM (주)도서출판 **성안당**
주소 | 04032 서울시 마포구 양화로 127 첨단빌딩 3층(출판기획 R&D 센터)
10881 경기도 파주시 문발로 112 출판문화정보산업단지(제작 및 물류)
전화 | 02) 3142-0036
031) 950-6300
팩스 | 031) 955-0510
등록 | 1973. 2. 1. 제406-2005-000046호
출판사 홈페이지 | **www.cyber.co.kr**
ISBN | 978-89-315-8760-9 (13010)
정가 | 15,800원

이 책을 만든 사람들
기획 | 최옥현
교정 · 교열 | 신정진
본문 · 표지 디자인 | design86
홍보 | 김계향, 유미나
국제부 | 이선민, 조혜란, 김혜숙
마케팅 | 구본철, 차정욱, 나진호, 이동후, 강호묵
마케팅 지원 | 장상범, 조광환
제작 | 김유석

■ **도서 A/S 안내**

성안당에서 발행하는 모든 도서는 저자와 출판사, 그리고 독자가 함께 만들어 나갑니다.
좋은 책을 펴내기 위해 많은 노력을 기울이고 있습니다. 혹시라도 내용상의 오류나 오탈자 등이 발견되면 **"좋은 책은 나라의 보배"**로서 우리 모두가 함께 만들어 간다는 마음으로 연락주시기 바랍니다. 수정 보완하여 더 나은 책이 되도록 최선을 다하겠습니다.
성안당은 늘 독자 여러분들의 소중한 의견을 기다리고 있습니다. 좋은 의견을 보내주시는 분께는 성안당 쇼핑몰의 포인트(3,000포인트)를 적립해 드립니다.
잘못 만들어진 책이나 부록 등이 파손된 경우에는 교환해 드립니다.